사진신부 이야기

한인여성 디아스포라:
인종, 민족, 젠더의 교차

동아대학교 석당학술총서 46

사진신부 이야기

한인여성 디아스포라: 인종, 민족, 젠더의 교차

2023년 2월 25일 초판 인쇄
2023년 2월 28일 초판 발행

지은이 | 노선희
교정교열 | 정난진
펴낸이 | 이찬규
펴낸곳 | 북코리아
등록번호 | 제03-01240호
주소 | 13209 경기도 성남시 중원구 사기막골로 45번길 14
우림2차 A동 1007호
전화 | 02-704-7840
팩스 | 02-704-7848
이메일 | ibookorea@naver.com
홈페이지 | www.북코리아.kr
ISBN | 978-89-6324-040-4 (03300)

값 17,000원

동아대학교 석당학술총서 46

노선희 지음

사진신부 이야기

한인여성 디아스포라: 인종, 민족, 젠더의 교차

북코리아

책을 펴내며

디아스포라(Diaspora)에 대한 관심은 개인적 경험에서 시작되었다. 대학 2학년 때부터 시작한 영어강사라는 직업은 나의 삶에서 두 번의 유학을 경험하게 된 계기가 되었다. 유학 생활은 자연스럽게 디아스포라, 특히 한인여성의 디아스포라적 삶에 관한 관심으로 옮겨졌다. 그중 사진신부에 대한 호기심은 석사학위논문 주제를 물색하던 시기로 거슬러 올라간다.

한국학중앙연구원에서 개최한 '20세기 초 태평양을 건넌 한국 여성들'이라는 국제학술대회에 참석하면서 사진신부에 대한 호기심은 이들에 대한 학문적 관심으로 변화되었다. 비슷한 시기 한국학 지형도 연구과제에 참여하게 되면서 국내에서 발표된 재외한인에 관한 선행연구들을 총정리할 기회를 얻게 되었다. 이를 통해 사진신부에 대한 학술자료가 국내에는 없다는 것을 알게 되었다. 그러나 여러 사정으로 인해 사진신부에 대한 관심을 뒤로 한 채 석사과정을 마치고 박사과정에 진학하게 되었다.

박사학위의 주제를 '한인여성 디아스포라'로 정하고 19세기 후반부터 20세기 전반까지 중국, 일본, 미주로 이동한 한인여성의 이주를 연구했다. 20세기 전반 해외로 이주한 한인에 대한 방대한 자료와 나에게 주어진 시간적 제약으로 인해 한인여성의 디아스포라를 미주 한인여성사 중 '사진신부 디아스포라'로 한정시켜 연구를 진행하였고, 이 책은 그 연구의 결과물인 박사학위논문을 수정하여 출판하게 된 것이다.

이 책의 주제는 20세기 초 미국으로 이주한 사진신부(picture bride)의 디아스포라다. 사진신부는 서구 학계에서는 우편주문신부(mail-order bride)의 하나로 분류한다. 우편주문신부는 17세기 초 영국에서 미국으로 이주한 제임스타운 부인(Jamestown wives) 혹은 담배 신부(Tobacco brides)에서 그 기원을 찾고 있다. 남북전쟁을 기점으로 미국에서 확산된 사진결혼은 19세기 중 · 후반 골드러시(Gold Rush) 이후 유럽인을 통해 유행하게 되었다. 주로 남부 유럽과 동유럽 출신 사진신부들이 미국과 캐나다로 이주했다. 특히 아르메니아 출신 사진신부들은 정치적 상황으로 인해 난민으로 인정받아 캐나다로 대거 유입되었고, 그리스 출신 사진신부들은 어머니의 주도로 사진결혼을 통해 미국으로 다수 유입되었다.

그렇다면 아시아인 사진신부는 어떠할까? 20세기 초 미국과 일본의 신사협정(Gentlemen's Agreement)을 통해 시작된 일본인 사진신부의 미국으로의 이주는 이후 한인 사진신부의 이주로 이어졌다. 그러나 일본 식민지 정부는 한인의 미국으로의 이주를 달가워하지 않았다. 피식민지민인 한인 사진신부들이 일본제국의 여권을 발급받는 것도, 그리고 일본으로 건너가 미 영사관으로부터 비자를 발급받는 것도 녹록지 않았다. 어떤 신부들은 중국으로 건너가 밀항을 통해 이민국으로부터 난민의 지위를 인정받아 미국으로 이주하기도 하였다. 미국으로 이주하기까지 한인 사진신부가 미국의 이민법과 일본의 식민지적 통제를 통과하는 것은 결코 쉽지 않았다. 앞서 소개한 유럽인 사진신부들, 특히 난민으로 이주한 아르메니아 출신 사진신부들에 비해 한인 사진신부의 수는 비교할 수 없으리만큼 그 수가 턱없이 적다. 이처럼 인종차별이 노골화되었던 20세기 초 백인 남성 중심의 인종적 위계질서 속의 미국 사회에서 피식민지 출신 한인 사진신부들은 어떠한 삶을 살았을까? 이 책에서는 인종, 민족, 젠더의 교차라는 맥락에서 한인 사진신부의 이주와 삶에 대해 논의하였다.

좀 더 구체적으로는 20세기 초반 한인 사진신부들의 미국 이주, 도시와 농장에서 새로운 가족 형성, 도시로 이주한 뒤 노동시장 진입, 한인사회와의 관계 그리고 태평양전쟁 시기 미국 사회에서 인정받기 위한 일련의 선택을 일상사의 시각에서 재구성한 것이다. 기존 한인 사진신부 연구에서 민족의식에 기반한 행위자로서 이들의 능동성을 강조했다면, 이 책에서 한인 사진신부에게 중요한 것은 이주국 미국에서 안정적인 정착과 생존이었음을 논의하였다. 특히 사진결혼을 통한 미국으로의 이주, 집단농장 생활의 적응, 도시로의 이주와 정착, 태평양전쟁 시기 등을 거치면서 한인 사진신부들은 가부장제와의 타협, 주변화된 미국 내 노동시장에서 경쟁과 생존, 지배적 인종적 관계에서 인정받기 위한 노력 등 자기보호적 실천을 통해 미국 사회에서 생존하고자 했음을 설명하였다.

이 책이 출판되기까지 감사한 분들이 많다. 먼저 지도교수이신 김 원 교수님께 감사하다. 지도교수님은 학계에 알려진 그대로 연구자로서 뛰어난 학문적 업적을 쌓으신 분으로서 그 누구보다 인품이 훌륭하신 분이시다. 박사과정 학생으로서 학문적 역량이 부족했던 나를 편견 없이 바라봐주시고 지도학생으로 받아주셨다. 당시 여러 문제로 인해 박사학위를 포기하고자 했으나 지도교수님께서 끝까지 붙잡아주시고 논문을 지도해주셨다. 김 원 교수님이 아니었다면 연구자로서 나는 존재하지 않을 것이다. 진심으로 감사하다. 학교에서 학생을 교육하거나 연구를 수행하면서 어려움에 봉착할 때마다 지도교수님이 생각난다. 늘 겸손하시고 항상 연구에 매진하시며 학생들을 진심으로 대해주시는 지도교수님을 보면서 나 또한 연구와 삶이 일치되는 사람이 되어야겠다고 다짐하였다. 이 책은 존경하는 김 원 교수님께 헌사하고자 한다.

박사학위논문을 쓰면서 가정 문제로 인해 어려움을 겪었다. 그때마다 바쁘신 와중에도 시간을 내어 연구에 대한 조언뿐 아니라 삶에 대한 지혜를 나누어주신 소현숙 교수님께 감사하다. 많은 도움을 주셨다. 감사한 마음에 보답하고자 할 때마다 교수님은 나중에 다른 연구자를 도와주면 된다고 하셨다. 나 또한 교수님께 받은 도움을 언젠가 다른 연구자에게 전하고 싶다는 소망이 생겼다. 소현숙 교수님께 지금도 감사하다.

박사학위 논문심사 기간 동안 위로가 되어주신 분들이 계시다. 논문심사에 참여해주신 김미경 교수님과 하와이에 계신 이덕희 소장님 그리고 최영호 교수님이시다. 박사학위 논문심사가 나에게는 실로 어려운 과정 중 하나였다. 심사 때 처음 뵈었던 김미경 교수님은 심사 이후에도 연구와 연구 외적인 부분에서 애정 어린 조언을 보내주셨다. 교수님의 따뜻한 위로는 심사 기간 동안 나에게 가장 큰 힘이 되었다. 김미경 교수님께 감사하다. 하와이에 계신 이덕희 소장님과 최영호 교수님은 책과 논문으로만 뵈었던 분들이셨다. 이덕희 소장님의 경우, 한국학중앙연구원에 기증하신 자료를 열람하기 위해 개인적 연락을 드렸을 때 흔쾌히 허락해주시고 사진신부 연구에 대한 용기를 불어넣어주셨다. 최영호 교수님은 하와이 한인 연구에 관한 문의를 드렸을 때 연구자로서 나를 반갑게 맞아주시고 환영해주셨다. 코로나가 기승을 부리는 시기에 논문을 집필하여 하와이에 계신 두 분을 뵐 수 없어 아쉬웠으나 이덕희 소장님과 최영호 교수님께 지금도 감사한 마음이다.

이 책이 출판되기까지 수고해주신 석당학술원과 북코리아 출판사 직원분들께도 감사하다. 부족한 원고의 가능성을 보고 출판을 허락해주신 석당학술원 원장님, 심사 선생님들, 연구원님께 감사하다. 단독저자로서 출판이 처음인 나에게 여러 책을 보내주시고 지속적으로 피드백해주신 북코리아 사장님과 출판사 직원분들께도 감사하다.

한인 사진신부의 삶은 사진신부 송정윤의 자녀인 알프레드 송(Alfred H. Song)의 표현 그대로 "희생. 일하고 일하고 또 일하는 것"으로 요약할 수 있다. 이들의 삶의 일면들은 나의 어머니의 삶을 연상시켰다. 어머니는 홀로 네 자녀를 키우셨다. 소위 없는 형편에 네 자녀 모두 대학을 보내기 위해 일하고 일하고 또 일하셨다. 자신의 개인적 삶은 모두 포기한 채 오직 노동을 통한 경제활동에만 매진하셨다. 그 결과 어머니는 온전치 않은 허리, 무릎 그리고 손가락을 비롯한 몸속 각 연골의 마모로 인한 통증에 시달리고 있다. 어머니가 자신의 생애를 통해 추구한 가족을 위한 희생, 모든 종류의 노동 그리고 그로 인한 통증은 한인 사진신부들도 그들의 생애를 통해 경험하지 않았을까 생각한다. 박사학위논문을 쓰기 위해 한인 사진신부들, 그녀들의 자녀들, 그녀들의 손주들의 구술자료를 읽고 또 읽으면서 나의 어머니가 떠올랐다. 이 책은 그 누구보다 나의 어머니에게 헌사하고 싶다.

마지막으로 나를 응원해준 이들과 출판의 기쁨을 함께 나누고 싶다. 학위과정과 학위논문을 쓰는 과정에서 한계에 부딪혀 힘겨워할 때마다 나를 응원하고 격려해준 가족들 그리고 친구들에게 이 책을 통해 감사한 마음을 전한다.

끝으로 사랑하는 혜나에게 이 책을 헌사하고자 한다. 기적처럼 나타나 나의 가치관을 변화시키고 마법처럼 일순간 내 삶의 방향을 바꾸어버리는 존재, 나의 딸에게 이 책을 바친다.

봄을 기다리며

노선희

CONTENTS

CONTENTS

I
머리말

1. 연구 배경 및 목적
2. 연구 동향 및 이론적 배경
3. 연구대상 및 연구자료 그리고 연구의 구성

하와이로 출발하기 전 촬영한 사진신부들. 가운데가 김차순으로 사진신부의 공동체, 영남부인회의 회장직을 역임했다.
(하와이주립대학교 한국학센터 제공)

1.
연구 배경 및 목적

이 책은 20세기 초반 한인 사진신부들의 미국으로의 이주, 도시와 농장에서 새로운 가족 형성, 도시로 이주한 뒤 노동시장 진입, 한인사회와의 관계 그리고 태평양전쟁 시기 미국 사회에서 인정받기 위한 일련의 선택을 일상사의 시각에서 재구성한 것이다. 20세기 초반 결혼을 목적으로 미국으로 이주한 사진신부들은 자기 자신과 가족을 보호할 수 있는 범위 안에서 유색인종에 불평등한 인종적 위계, 남성과 가부장적 질서의 인정, 노동시장에서 성별분업 등을 받아들였다. 사진신부들의 미국 이주, 가족 형성 및 노동시장 진입 과정에서 다층적인 측면을 드러내주기 위해 '자기보호'라는 개념을 사용하고자 한다. 이 책은 일상사의 시각과 '자기보호'라는 용어를 통해 사진신부들의 구불구불한 실천과 자신을 보호해줄 수 있는 현실을 재구성하려고 했던 선택을 두껍게 이해하고자 한다.

2018년에 방영된 드라마 〈미스터 션샤인(Mr. Sunshine)〉에는 조선 시대 하층계급이었지만 미국으로 이주해 전쟁에서 공로를 세운 군인 유진 초이(Eugene Choi)가 고종이 지배하는 대한제국으로 돌아와 노비인 자신의 부모를 죽인 지배계급과 조우하고, 패망해가는 조선을 목격하며 자신을 버린 조선을 구하고자 무장투쟁에 동참한 고애신과 사랑하게 되는 비극적인 이야기를 다루고 있다. 물론 픽션이지만 이 드라마의 주인공 유진은 군인이 되기 전까지 조선에서 못지않은 인종차별을 미국 사회에서 감수해야 했다. 그렇다면 20세기 초반 미국으로 이주한 사진신부들은 어떠했을까.

지난 20세기는 대륙과 해양을 넘어 인간의 이동이 더욱 가시화된 시대였다. 인구의 이동, 곧 다른 지역으로의 이주는 역사적으로 꽤 오래된 현상이었다. 근대 이후 교역의 증가에 따른 노동이주의 증가뿐만 아니라 식민지배 등이 국가 간 이주에서 중요한 역할을 해왔다. 그런데 과거 노동이주에서 남성의 경험이 대다수였지만, 현대사회에서 발생하는 이주의 현상에서 여성의 비중은 점차 증가하고 있는 추세다. 여성의 이주에는 노동도 중요한 원인이지만, 결혼도 무시할 수 없는 요인 가운데 하나였다.[1] 전 세계에서 발생하는 국제결혼의 증가는 이러한 경향을 보여준

---

1 Piper, Nicola. "Gendering the Politics of Migration." *International Migration Review 40*(1), 2006; 황정미, 「이주의 여성화 현상과 한국 내 결혼이주에 대한 이론적 고찰」, 『페미니즘 연구』 9(2), 한국여성연구소, 2009; Gabaccia, Donna R. "Feminization of Migration," *The Wiley Blackwell Encyclopedia of Gender and Sexuality Studies*, 2016.

라 유럽 여성들도 상당수 존재했다.[5]

국제결혼의 역사라는 맥락에서 사진신부는 사진결혼제도에서 파생된 국제결혼의 한 형태다.[6] 사진신부는 외국 국적자와 혼인하여 배우자 중 한 명이 국제이주를 한 측면에서 종족(ethnic group)[7] 간 결혼으로 생각해볼 수 있다.[8] 종족 간 결혼은 이민자로서 자기 종족의 공동체 외부의 사람과 결혼하는 것을 전제로 하기 때문이다.[9] 그러나 한인 사진신부들이 이주한 20세기 전반 미

---

5 유럽 출신 사진신부들은 주로 남부 유럽과 동유럽 출신이 대부분이다. 아시아에서 온 사진신부들이 샌프란시스코의 천사도에 위치한 이민국으로 유입된 반면, 유럽에서 온 사진신부들은 뉴욕의 엘리스섬에 위치한 이민국에서 사진신랑을 처음 만났다. Zug, Marcia A. *Buying a Bride: An Engaging History of Mail-Order Matches,* New York University Press, 2016.

6 서호철은 한국의 국제결혼 역사에서 사진신부를 첫 사례로 소개했다(「국제결혼 중개장치의 형성: 몇 가지 역사적 계기들」, 『사회와 역사』 91, 2011). 강진구는 한인 국제결혼의 계보학 연구 맥락에서 사진결혼제도를 논의했다. 그는 1920년대 사진결혼의 폐해를 담은 희곡인 윤백남의 『운명』과 노동이민과 사진신부를 소재로 한 1930년대 주요섭의 소설 『구름을 잡으려고』의 비교분석을 통해 사진결혼의 의미를 분석했다[「국제결혼담론의 계보학적 연구」, 『아시아여성연구』 50(2), 2011].

7 종족(種族)은 사전적 의미로 "조상이 같고 같은 계통의 언어 · 문화 등을 가지고 있는, 다시 말해 동일한 혈연과 문화 공동체로 간주되는 사회집단"을 의미한다. 이 책에서는 종족과 함께 '민족(네이션, 民族)'이라는 용어도 사용할 것이다. 민족은 근대 이후 일정한 지역에서 오랜 세월 동안 공동생활을 하면서 언어와 문화상의 공통성에 기초하여 역사적으로 형성된 사회집단을 뜻한다.

8 동일한 혈연 · 문화 공동체로 간주되는 종족 간의 결혼이라는 점에서 종족 내혼으로 생각할 수도 있다.

9 '종족 간 결혼'은 이민자로서 자기 종족 공동체 외부의 사람과 하는 결혼을 뜻하고, '국제결혼'은 외국 국적자와 결혼하고 배우자가 국제이주 한 경우를 의미한다. 김민정, 「미국가기와 결혼하기: 하와이 한인 이주여성의 종족 간 결혼」, 『가족과 문화』 24(3), 2012, 99쪽.

다. 국제결혼은 지역별로 다양한 역사와 사례가 존재한
운데 20세기 초반을 전후로 미국 사회에 등장한 결혼
로 사진신부였다.

사진신부는 1908년에서 1945년 사이에 미국으로
주를 한 남성 노동자의 아내가 된 여성들을 일컫는다.
부들은 일본 여성, 일본의 식민지 조선 출신의 한인여성
1924년 일본인 배척법(Immigration Act of 1924)[3] 이후에도
유입된 유럽 여성 집단을 포괄한다.[4] 즉, 사진 교환을 통
을 목적으로 미국으로 이주한 사진신부는 아시아 여성만

---

2 사진신부의 유입과 종료에 대한 명확한 시기 구분은 없다. 다만 20세기
미국 이민법으로 규정해보면, 제2차 세계대전 직후 미국으로 유입된 미
인 전쟁신부와 구별하는 측면에서, 이 책에서는 1945년을 유럽인 사진
료 시기로 그리고 일본인 사진신부의 유입이 가시화된 미국과 일본의
(Gentlemen's Agreement) 시기인 1907년부터 1908년 사이를 아시아인
의 유입 시기로 설정하고자 한다.

3 미국 내 경제 불황으로 인해 일본인 노동자에 대한 불만이 커져가자, 미
의 백인 노동운동가들을 중심으로 일본인 배척운동이 전개되었다. 이
의 미국으로의 입국 금지를 목표로 하는 1924년의 이민법으로 구체화

4 유럽인 사진신부는 그리스 출신 여성들이 많았던 것으로 알려져 있다.
기 초 그리스의 정치적 상황과 함께 사회문화적 배경이 작용한 것으로
그뿐만 아니라 아르메니아 출신 사진신부들도 눈에 띈다. 이들은 아르
정치적 상황으로 인해 난민으로 인정되어 캐나다 지역으로 이주했다.
신부들 가운데 난민으로 인정받아 미국으로 이주한 사례도 존재한다.
르메니아 출신 사진신부들에 비해 한인 사진신부 수는 현저히 적다. 이
에는 20세기 초 백인 남성 중심인 미국 사회에 내재된 인종 · 민족 · 젠
질서에서 기인한 것으로 추정할 수 있다. 노선희, 「일본의 식민지적 통제
이민법의 네트워크: 한인 사진신부의 사례를 중심으로(1910–1924)」, 『사
사』 129, 2021a.

국 이민법에서 한인 남성도 한인 사진신부도 모두 외국인 신분이었다. 따라서 이 시기 한인여성들의 사진결혼은 배우자가 외국 국적자가 아니었기 때문에 국제결혼이라고 규정할 수 없다. 또한 본국에서 혼인을 예정하고 이주하여 결혼식을 한 후 이민자의 자격을 얻었으므로 종족 간 결혼이라고 규정하기에도 적합하지 않다. 오늘날의 시각으로 보면 미국 이민법 적용 전의 결혼이므로 '국적제도가 자리 잡기 전 국제결혼'으로 볼 수 있다.[10]

한인 사진신부는 1910년부터 1924년까지 사진결혼을 통해 하와이를 중심으로, 그리고 샌프란시스코와 시애틀 등의 미 대륙으로 결혼이주한 한인여성을 일컫는다. 한인 사진신부 숫자는 대략 1천 명으로 알려져 있고, 대부분 여성들이 미 대륙보다는 한인의 노동이주가 빈번했던 하와이로 이주했다.[11] 한인 사진신부

---

10 그러나 '국적제도가 자리 잡기 전'이라는 표현 또한 '20세기 초 한인의 사진결혼'을 정의하기에는 적절하지 못하다. 왜냐하면 한인 사진신부들은 조선 국적을 지닐 수 없는 여성들이었기 때문이다. 이들은 '피식민지민'으로서 일본 여권을 통해 일본 국적자로 미국으로 이주했고, 1952년 이민법 개정 전까지 미국 내 시민권이 없는 존재였기 때문이다. 예컨대 재일조선인의 경우에도 미주 한인의 결혼과 유사한 측면이 있다. 1960년대까지 재일조선인은 종족 간 결혼 이외에는 인정하지 않았다.

11 한인 사진신부의 정확한 이주 시기와 숫자는 아직도 논의 중이다. 1910년에 첫 한인 사진신부 최사라가 하와이로 이주한 것으로 알려져 있으나 마지막 사진신부의 경우 1924년 이후라는 구술자료도 존재한다. 사진신부의 숫자에 대해 기존 연구에서는 대략 1천 명으로 알려져 있으며, 900여 명이 하와이로 100여 명이 미 대륙으로 이주했다고 알려져 있다. 그러나 홍윤정은 실제로 미국으로 이주한 사진신부 수는 대략 600명이라고 주장했다. 홍윤정, 「하와이 한인사회의 형성과 애국의식 연구: 식민지시기를 중심으로」, 성신여자대학교 박사학위논문, 2005. 600여 명의 수치는 하와이 영사관에서 발행된 여권으로 추적한 수치이고, 1천여 명의 수치는 미국 이민국 자료로 추정한 것이다. 최근의 사진신부 연구들은 이러한 주

의 다수가 하와이로 이주했기 때문에 '하와이 사진신부'로 불리면서 미주 한인사회의 일부로 연구되어왔다. 그동안 사진신부는 한인 디아스포라의 역사와 독립운동사의 맥락에서 주로 논의되어왔다. 20세기 전반 미국 사회에 등장한 조선 출신의 여성 집단은 미주 한인사[12]에서 초기 한인의 형태로 다루어졌고, 여성사에서는 해외 한인여성 독립운동의 맥락에서 연구되었다.[13] 한인 사진신부에 관한 단독연구는 미국에서 주로 이루어졌는데, 구술사와 생애사를 통한 사진신부의 경험을 분석하는 데 집중된 경향을 보인다.[14]

이와 같은 연구 흐름 속에서 이 책은 사진신부를 초기 이주 여성이자 능동적인 주체로서의 위치를 강조한 2000년대 이후 기존 연구와 그 맥락이 닿아있다. 아직까지도 한인 사진신부에 관

장을 수용하여 600~1,000명 정도로 사진신부 수를 소개하기도 한다.

12 미주 한인에 대한 연구는 1909년 현순의 『포와 유람기』를 시작으로 국내외에서 많은 연구가 발표되었다. 그 가운데 하와이 한인에 대해서는 패터슨(Patterson)의 『아메리카로 가는 길: 한인 하와이 이민사, 1896~1910』과 『하와이 한인 이민 1세』가 눈에 띄며, 최근 연구로는 행정자치부 국가기록원에서 2016년 편찬한 『기록으로 보는 재외한인의 역사: 이주와 정착 그리고 발전의 시간들-아메리카』를 주목할 만하다.

13 미 서부지역 한인여성의 독립운동에 대해서는 박용옥(「美洲 韓人女性團體의 光復運動의 支援 硏究」, 『진단학보』 78, 1994)이 분석했고, 하와이 한인여성 활동의 경우 홍윤정(앞의 논문, 2005)과 오은영(「하와이 대한부인구제회 연구」, 이화여자대학교 석사학위논문, 2006)이 각각 하와이 지역 한인여성단체의 독립운동을 분석했다.

14 Sonia Shinn Sunoo (*Korean Picture Brides 1903-1920 A Collection of Oral Histories*, Xlibris Corporation, 2002)와 이선주 · 로버타 장(『하와이 한인사회의 성장사 1903-1940』, 이화여자대학교 출판부, 2014)의 연구가 대표적이다.

한 국내연구는 희귀한 편이나 그중 홍윤정과 김지원의 연구를 주목할 수 있다. 가령 홍윤정은 독립운동의 확장에 기여한 주체적 존재로서 사진신부를 분석했다. 이는 기존 미주 한인 독립운동사에 여성이라는 주체를 추가한 것으로 볼 수 있다.[15] 그뿐만 아니라 김지원은 일본인 배척운동이라는 맥락에서 사진신부를 설명했다. 법과 제도에서의 억압과 배제에도 불구하고 한인 사진신부들이 능동적인 주체로 미주 한인사회 형성의 계기였음을 밝혔다.[16] 이와 같이 사진신부 연구는 이들을 능동적이고 주체적인 존재로 파악한다.

그러나 능동적인 '행위자'로서 사진신부를 설정하고 독립운동에 참여한 한인 사진신부의 기여를 인정한다 하더라도 이러한 주장만으로 사진신부를 온전히 설명하고 파악하기는 어렵다. 이는 한반도 식민지배에서 그 유사성을 찾을 수 있다. 예컨대 식민지배의 논의에서 '지배와 저항' 또는 '수탈과 독립'이라는 이분법으로 설명하기 어려운 '회색지대', 곧 '지배질서와 타협, 순응, 절충, 거리두기' 등 복잡한 선택도 존재했기 때문이다.

이런 측면에서 식민지 조선과 미국 내 한인사회에서 소수자 집단으로서 '결혼'을 매개로 새로운 사회에서 가족을 형성하며 생존해온 사진신부의 이주와 정착 과정은 훨씬 더 복잡한 선

---

15 홍윤정, 앞의 논문, 2005; 홍윤정, 「하와이 한인여성단체와 사진신부의 독립운동」, 『여성과 역사』 26, 2017.

16 김지원, 「미국의 일본인 배척운동과 한인 사진신부의 이주, 1910-1924」, 『미국사연구』 44, 2016; 김지원, 「한인 사진신부의 적응과 특성, 1920-1945: 일본인 배척법을 넘어서」, 『세계 역사와 문화연구』 55, 2020.

택이 요청되었을 것이다. 그녀들의 구체적인 선택들로는 일본 노동자에 맞선 파업파괴자, 남성이 지배하는 한인공동체와의 타협, 노동시장에서 생존을 위해 인종적 위계질서의 수용, 태평양전쟁 시기 미국 사회로부터 인정받기 위한 노력 등을 들 수 있다. 따라서 이 책에서는 독립운동에 기여한 존재이자 능동적이고 주체적인 여성으로서의 한인 사진신부라는 기존 논의와는 다른 맥락을 밝혀보고자 한다. 대한제국을 떠나 아시아인에게 배타적인 미국이라는 서구의 공간에서 시민권도 없이 언어 · 문화 · 교육 자본을 거의 지니지 못한 아시아 여성 이민자였던 이들이 이주와 정착 과정에서 새롭게 형성한 관계들에 주목하고자 한다. 무엇보다 식민지 조선의 미혼여성으로서 사진신부가 되어 미국 이주 이후 맺은 남편과의 관계, 자녀와의 관계, 각자 경험한 공간들(가령 농장, 교회, 도시, 비백인 거주지, 한인여성의 공동체)에서 맺은 관계들 속에서 한인 사진신부들이 '자기보호'라는 선택을 어떻게 의미화하고 있는지 논의할 것이다. 좀 더 구체적으로 본 논문의 주장을 정리하면 다음과 같다.

첫 번째, 20세기 초 미국 이민법과 이주정책에서 한인 사진신부에게 가해진 차별적 포섭이 있었음을 논의할 것이다.[17] 19세

17 여기서 사용하는 '차별적 포섭'은 통상 포섭이 사회경제적 불평등을 감소시키는 '선(good)'이라는 고전적인 인식에 반대하면서 포섭과 배제가 중첩되는 통치성을 강조하는 입장을 내세운 샌드로 메자드라 · 브렛 닐슨(Sandro Mezzadra and Brett Neilson), 남청수 역, 『방법으로서의 경계』(갈무리, 2021)에서 가져온 개념이다. 여기서 경계는 "국경, 변방 등으로 대표되는 고정적 장벽이 아닌, 사회적 관계"라고 이 책은 주장한다. 다시 말해 "경계들은 단순히 사람, 화폐, 물건들의 전 지구적 이동 경로를 가로막거나 방해하는 것과는 정반대로 그것들의 접

기 중 · 후반부터 시작된 미국 이민법에서 아시아인을 향한 차별은 한인의 노동이주와 함께 한인 사진신부의 등장과 관련되기 때문이다. 한인 노동력의 수입과 한인 사진신부의 이주와 관련된 미국의 정책은 미국 정부와 미국 자본에서의 인종 간 위계질서에 입각한 측면이 있다. 동시에 일본 정부는 여권 발급을 허용하는 등 한인을 포섭하는 동시에, 한인 노동자의 미국 이주 제한과 금지로 이들을 배제했다. 미국 정부와 일본 정부에 의한 한인의 미국 이주의 허용과 금지는 포섭과 배제가 중첩되는 성격이었다.

두 번째, 미국으로의 이주, 정착, 농장 및 도시 생활에서 한인 사진신부들은 기존의 양성관계에서 자기보호를 위한 타협적 수용이 존재했다. 특히 농장과 한인사회에서 가부장제의 수용 그리고 도시로의 이주 이후에도 한인사회 내 남성과 한인 단체 등과 관계를 유지한 것은 이주의 안정성과 인종적 위계 속에서 위험에 노출될 가능성이 큰 가족과 자신을 보호하기 위함이었다.

세 번째, 한인 사진신부들은 미국 사회의 노동시장에서 불평등을 정당화한 계급과 인종 관계에서 위계질서를 수용하는 모습을 보여주었다. 이는 도시로의 이주 후 교육자본이나 문화자본이 부족했던 한인 사진신부들이 노동시장에서 자신과 가족의 생계를 유지 · 보호하려고 계급 · 인종 간 위계를 타협적으로 수용

합(articulation)을 위한 핵심적인 장치가 되어가고 있다"(18쪽)는 것이다. "경계는 사람들을 선별하고 거르는 포섭의 장치이며 상이한 순환"이자 일종의 필터링(filtering)이다. "영역, 사회, 혹은 영역 안에서의 포섭이 어떻게 다양한 수준의 종속, 지배, 차별, 파편화에 의존할 수 있는지를 묘사하고 분석하기 위한 수단"(239쪽)이 차별적 포섭의 개념이다.

한 측면에서 확인할 수 있다.

네 번째, 이주민으로서 시민권을 얻게 되는 맥락에서 발생한 인정투쟁은 가족과 자신을 보호하기 위함이었다. 이는 미국 내 아시아 여성 이민자로서 태평양전쟁을 거치면서 한인 사진신부들이 인종적 · 민족적 질서 속에서 새롭게 자신의 위치를 조정하게 된 계기가 되었다.

따라서 이 책에서는 먼저 한인 사진신부들이 어떤 제도적 · 법률적 관계 속에서 미국으로 이주하게 되었는지를 논의할 것이다. 이를 위해 미국 이민법과 이주정책의 변천 과정을 살펴보고 미국 내 백인 중심 담론과 한인 사진신부와의 관계를 살펴볼 것이다. 다음으로 식민지 조선에서 한인 사진신부들이 어떠한 사회문화적 조건 속에서 사진결혼을 선택하고 미국으로 이주하게 되었는지를 추적할 것이다. 마지막으로 미국으로의 이주 이후 한인 사진신부들이 생존을 위해 농장, 도시, 한인사회, 미국 사회 등에서 타협 · 수용 · 투쟁 과정에서 자기보호라는 선택이 어떻게 이루어지는지를 살펴보고자 한다. 한인 사진신부들이 가부장제와의 타협, 미국 내 노동시장에서의 경쟁과 생존, 지배적 인종적 관계에서 인정받기 위한 선택을 살펴보고 일상사 시각에서 사진신부를 해석하는 의미에 대해 논의하도록 하겠다.

2.
연구 동향 및 이론적 배경

1) 선행연구 검토와 연구사적 의미

기존의 사진신부 연구는 미주 한인 이주사[18]의 한 분야이자

18 미국으로 이주한 한인의 역사를 분석한 연구들은 그 수가 방대하다. 그중 주목할 만한 연구들은 다음과 같다. 현순, 『포와 유람기』, 일한인쇄주식회사, 1909; 김원용, 『재미한인 50년사』, 나성, 1959; 이원순, 『세기를 넘어서』, 신태양사, 1989: 웨인 패터슨(Wayne Patterson), 정대화 역, 『아메리카로 가는 길: 한인 하와이 이민사, 1896~1910』, 들녘, 2002; 웨인 패터슨, 정대화 역, 『하와이 한인 이민 1세』, 들녘, 2003; 이덕희, 『하와이 이민 100년, 그들도 어떻게 살았나?』, 중앙M&B, 2003; 로버타 장 · 웨인 패터슨, 이주영 역, 『하와이의 한인들 사진으로 보는 미주 한인 100년사 1903-2003』, 눈빛출판사, 2008; 김지원, 「미 서부 지역 한인사회의 변화와 특성 연구(1903-1945)」, 명지대학교 박사학위논문, 2010; 조은정 · 송병건, 「20세기 초 하와이 한국인 이민의 요인과 이민자의 특성」, 『경제사학』 51, 2011, 105-134쪽; 김도형, 「여행권(집조)을 통해 본 초기 하와이 이민의 재검토」, 『한국독립운동사연구』 44, 독립기념관 한국독립운동사연구소, 2013; 정병준, 『해외독립운동사료집 제38권 미주편 11, 미주한인 기독교잡지: 포와한인교보 · 한인교회보 · 한인긔독교보』, 국가보훈처, 2014; 정병준, 『현앨리스와 그의 시대』, 돌베개, 2015; 이하희, 「1900-1910년대 샌프란시스코 한인사회의 형성과 성격」, 국민대

미주 한인 초기 역사와 하와이 한인 역사의 일부로 이루어져왔다.[19] 특히 사진신부는 다수가 하와이로 이주했기 때문에 '하와이 사진신부'로 불리면서 미주 한인사회의 일부로 연구되어왔다. 이는 사진신부가 미주 한인 이민 1세대를 이해하는 데 중요한 흐름인 동시에 근대 한인여성 이주의 초기 형태로 인정되고 있음을 의미한다. 하지만 동시에 사진신부는 미주 한인 이주사라는 '정전(cannon)' 속에서 사소한 에피소드로 기술되었고, 한인 독립운동

학교 석사학위논문, 2015; 이경원 · 김익창 · 김그레이스, 장태한 역, 『외로운 여정: 육성으로 듣는 미주 한인 초기 이민사, 하와이에서 유카탄, 쿠바까지』, 고려대학교 출판문화원, 2016; 행정자치부 국가기록원 편, 『기록으로 보는 재외한인의 역사: 이주와 정착 그리고 발전의 시간들-아메리카』, 대전: 행정자치부 국가기록원, 2016; 박현순, 「코리안 아메리칸 안수산의 삶과 젠더 유산」, 『여성과역사』 31, 2019; 장경호, 「제2차 세계대전 시기 미군에 종군한 북미한인2세 연구: 『신한민보』의 「청년용사록」을 중심으로」, 『한국독립운동사연구』 69, 2020.

19 한인 사진신부에 대한 연구는 다음과 같다. 신성려, 「하와이 사탕밭에 세월을 묻고」, 『창작과 비평』 51, 1979; 송정윤, 『사진신부 송정윤의 신앙수기, 내가 하리라』, 도서출판 목원, 1989; 박용옥, 「美洲 韓人女性團體의 光復運動의 支援 硏究」, 『진단학보』 78, 1994; 홍윤정, 「하와이 한인사회의 형성과 애국의식 연구: 식민지 시기를 중심으로」, 성신여자대학교 박사학위논문, 2005; 오은영, 「하와이 대한부인구제회 연구」, 이화여자대학교 석사학위논문, 2006; 이경민, 「사진신부, 결혼에 올인하다 1: 하와이 이민과 사진결혼의 탄생」, 『황해문화』 56, 2007; 김점숙, 「한인 사진신부들의 사회 · 경제적 활동」, 2014년 글로벌 시대 한국적 가치와 문명 연구 국제학술회의(20세기 초 태평양을 건넌 한국 여성들), 성남: 한국학중앙연구원, 2014; 홍윤정, 「하와이 한인여성단체와 사진신부의 독립운동」, 『여성과 역사』 26, 2014; 김지원, 「미국의 일본인 배척운동과 한인 사진신부의 이주, 1910-1924」, 『미국사연구』 44, 2016; 문옥표 외, 『하와이 사진신부 천연희의 이야기』, 일조각, 2017; 문경희, 「'잊혀진' 또는 '읽을 수 없는(unreadable)' 기록 속의 여성들: 빅 아일랜드(Big Island) 한인 1세 묘비와 삶의 궤적」, 『호모미그란스: 이주, 식민주의, 인종주의』 23, 154-193, 2020; 박여진, 「사진신부에 대한 하와이 백인의 인식: 언론을 중심으로」, 전북대학교 석사학위논문, 2020; 김지원, 「한인 사진신부의 적응과 특성, 1920-1945: 일본인 배척법을 넘어서」, 『세계 역사와 문화 연구』 55, 2020.

사의 '일부'로 여겨져왔다.

국외에서 발표된 연구들[20] 가운데 패터슨(Wayne Patterson)의 연구는 주목할 만하다. 그는 하와이 한인의 노동이주, 곧 한인의 미국으로의 노동이주 배경을 분석하고 국제 정치질서 속에서 한인의 노동이주가 갖는 함의를 추적하는 데 집중했다.[21] 즉, 한인의 노동이주는 하와이의 백인 농장주의 저렴한 노동력에 대한 요구와 당시 조선의 정치적 상황과 함께 조선에 거주했던 선교사 등 백인의 이해관계가 맞물려 발생했다는 것이다. 이 연구는 한인의 노동이주 배경을 국제정치 관점에서 규명하는 데 크게 기여했다. 그러나 패터슨의 연구 역시 이주와 정착 과정에서 한인 이주자의 행위를 제도 및 법률 변화의 수동적인 결과물로 분석함으로써 행위자로서의 한인이 부각되지 못했다. 한인의 하와이로의 노동이주는 단지 대한제국의 정책, 백인 농장주의 후원 그리고 백인 선교사의 추천만으로는 불가능하다. 이는 무엇보다 한인 스스로의

---

20 미국 내 한인과 관련한 국외 연구는 다음과 같다. Moon, Hyung June. "The Korean Immigrants in America: the Quest for Identity in the Formative Years, 1903-1918." Ph. D. diss., University of Nevada, Reno, 1976; Lee, Dong Jae, "Socio-linguistic Implications of Korean in Hawaii." Korean Studies Vol. 9, 1985; Son, Young Ho. "From Planation Laborers to Ardent Nationalists: Koreans'Experiences in America and Their Search for Ethnic Identity, 1903-24." Ph. D. diss., Louisiana University, 1989; Lee, Youngmin, "Ethnicity Toward Multiculturalism: Socio-Spatial Relations of the Korean Community in Honolulu, 1903-1940," Ph. D. diss., Louisiana State University, 1995; Ch'oe, Yŏng-ho, *From the Land of Hibiscus: Koreans in Hawai'i, 1903-1950*, University of Hawai'i Press. 2007; Haeseong Park, "Intellectual Diaspora, Nation, and Gender: Korean Women Students in the United States Before 1945," Ph. D diss., Purdue University, 2015.

21 패터슨, 앞의 책, 2002.

선택이었기 때문이다. 이후 후속 연구에서 패터슨은 1903년부터 1973년까지 국제정치의 흐름 속에서 나타난 한인의 이민 1세대를 분석했다. 즉, 노동이민을 온 한인 남성 노동자와 사진신부에 대한 분석을 통해 한인 이민 1세대의 미국 내 경제적 상황과 사회적 지위 그리고 미국에서 형성되는 정체성에 대해 세대 · 종교 · 인종 영역에서 분석했다.[22] 그러나 1910년부터 1924년까지 이루어진 사진신부의 도미 과정에 대해서만 다루었을 뿐 이후 이들의 정착 과정에 대한 분석은 여전히 전체 한인이라는 민족적 범주에서 해석되었다. 따라서 그가 분석한 사진신부의 지역 · 계층 · 학력 같은 요인들이 정착 이후 도시와 미국 노동시장의 정착 과정에서 어떻게 작용하여 사진신부의 선택에 영향을 미쳤는지는 밝혀내지 못했다.

그동안 사진신부에 대한 연구는 남성 중심의 민족주의적 시각에 기초하여 해석했다. 그 가운데 여성독립운동사의 일환으로 사진신부의 경험을 포착하려는 노력도 진행되었다.[23] 하와이 사진신부의 독립운동에 관한 대표적인 연구로 하와이 한인여성단체의 종류와 그 역할을 조사하고 독립운동에 참여한 사진신부들의 생애사를 소개한 것이 있다. 이 연구는 하와이 한인여성단체에 참여한 한인여성들 가운데 사진신부가 많았고, 적지 않은 수

---

22 패터슨, 앞의 책, 2003.

23 앞서 소개한 것처럼 미 대륙에서 발생한 한인여성의 독립운동 연구로는 박용옥(앞의 논문, 1994)을 참조했고, 하와이에 거주한 한인여성의 독립운동에 대해서는 홍윤정(앞의 논문, 2005)과 오은정(앞의 논문, 2006)의 연구 참조.

의 사진신부들이 한인여성단체 활동에 적극적으로 참여했음을 밝혀냈다.[24] 또한 사진신부의 독립운동을 하와이 미주 한인사회에서의 사회 · 경제적 활동과 연관 지어 규명하고자 하는 연구가 등장했다. 김점숙은 한인 사진신부들과 그 후손들의 구술자료를 바탕으로 사진신부들의 경제활동과 사회활동을 분석했다. 한인 이민 1세대인 사진신부와 그들의 후손인 2세대의 경험을 토대로 당시 미국 내 한인이 겪었던 인종차별 문제와 독립운동자금 마련을 위한 전통음식 판매와 연극공연 등 문화적 활동들을 상세하게 소개했다.[25] 이 연구는 초기 하와이 한인 언론과 조선의 언론을 통해 부정적으로 인식되었던 사진신부가 하와이 정착 과정에서 인종 · 민족적 차별의 경험을 통해 독립운동과 연동되는 과정을 고찰했다. 그러나 독립운동에 참여한 적극적 행위자로서 사진신부 '여성'을 경험적으로 추가하는 작업은 사진신부의 미국 사회 이주 · 정착 과정에서 복잡한 선택을 '독립운동'으로 소환시키는 한계를 지닌다.[26]

더 나아가 한인사회의 형성과정에서 발생한 한인의 정체성 문제는 주로 한인사회의 독립운동에 참여한 한인 남성 지도자들과 그들의 민족적 정체성에 관한 연구에 집중되었다. 문형준은 1903년부터 1918년까지 발생한 한인의 독립운동과 민족주의 활

---

24 홍윤정, 앞의 논문, 2017.

25 김점숙, 앞의 논문, 2014.

26 홍윤정, 앞의 논문, 2005; 홍윤정, 앞의 논문, 2017.

〈그림 1〉 1918년 촬영한 하와이 호놀룰루 한인 성공회 교회 교인들
(한국이민사박물관 제공)

동을 통한 한인의 정체성에 대해 논의했다.[27] 그는 하와이 한인뿐만 아니라 미 서부지역의 한인까지 포함하여 미국 내 한인의 독립운동과 민족주의 활동을 중심으로 민족 정체성을 분석했다. 손영호는 1903년부터 1924년까지 하와이 플랜테이션 농장 노동자로 처음 출발한 한인이 한인사회를 형성해가며 민족주의자로 변모해가는 과정을 통해 미주 한인의 민족적 정체성에 대해 분석했다.[28] 이하희의 경우 1900년에서 1910년 사이 교회와 한인공동체를 중심으로 한 샌프란시스코 한인사회에 대해 논의했다.[29] 이들 연구에서 공통으로 드러나는 점은 20세기 초 열악한 환경에도 불구하고 경제적 · 교육적 노력을 통해 한인사회를 형성하고

27 Moon, Hyung June, 앞의 논문, 1976.

28 Son, Young Ho, 앞의 논문, 1989.

29 이하희, 앞의 논문, 2015.

민족적 정체성을 지속한 사실을 경험적으로 밝힌 점이다. 이와 같은 미주 한인사회와 한인의 정체성에 대한 연구의 진척에도 불구하고 한인의 미국 사회 동화 과정에서 인종 중심적 위계질서가 어떻게 영향을 미쳤는지를 명확하게 제시하지 못했다. 그뿐만 아니라 대다수의 연구는 궁극적으로 독립운동을 통한 민족적 정체성에 초점이 맞춰졌고, 유색인종이자 소수민족 출신의 여성 이주민인 사진신부에 관한 연구는 논의의 중심이 아니었다.

독립운동사의 일환으로 사진신부를 검토한 연구 흐름과 함께 기존 연구의 중요한 경향은 노동이주와 관련되어 사진신부를 다룬 것이다. 이는 부분적으로 일본인 사진신부 연구와 연관이 있는데, 1980년대 들어서 이민법이 아닌 가내서비스업을 통한 일본인 사진신부에 대한 분석이 시도되었다.

대표적으로 나카노-글렌(Evelyn Nakano-Glenn)은 미국과 일본의 외교적 관계 속에서 발생하여 미국의 정치 · 경제 · 사회 · 문화적 맥락 하에 인종적 · 민족적 · 젠더적 층위의 복합체라는 측면에서 일본인 사진신부를 분석했다.[30] 이 연구에서 일본인 이민 1세, 이민 2세 그리고 이민 3세에 해당하는 '전쟁신부'인 일본인 여성들의 미주이민 과정과 미국 내 노동시장에서 발생하는 경제적 차별에 대해 지적했다. 나카노-글렌의 연구는 미국 내 이민법을 배경으로 한 비백인 · 유색인종 · 소수민족의 문제를 젠더적 시각으로 분석함으로써 소수자 연구에 대한 새로운 접근법과 함

---

30 Evelyn Nakano Glenn, *Issei, Nessi, War Bride: Three Generations of Japanese American Women in Domestic Service*, Temple University, 1986.

께 미국 사회 분석에 더 넓은 시야를 제공했다.

이러한 인종적 · 민족적 · 젠더적 층위의 복합체로서 사진신부를 부각하는 연구는 국내 연구에서도 등장하기 시작했다. 예컨대 김지원은 1903년에서 1945년 사이에 발생한 미 서부지역의 아시아인 차별정책에 따른 한인사회의 적응과 변화 그리고 한인 사진신부가 미국으로 이주한 시기(1910~1924)와 미국 사회에서의 정착 시기(1924~1945)를 각각 구분하여 이들의 적응과 특성에 대해서도 분석했다.[31] 김지원의 연구는 기존에 논의되지 않았던 20세기 전반 미 서부지역의 아시아인 배척 운동과 미국의 이민법 변천 과정을 연관 지어 한인사회와 한인 사진신부를 분석했다. 그뿐만 아니라 일본인 배척운동과 이민법 변경 속에서 미주 한인사회의 행위자로서 사진신부의 성격을 파악했다는 점에서 기존 한인 사진신부 연구의 대상, 폭, 시야를 넓히는 데 기여했다.

이 책은 사진신부와 관련하여 드러나는 국내외 학계의 연구사적 의의와 한계점을 인식하고 한인 사진신부에 대한 새로운 접근과 분석을 시도하고자 한다. 구체적으로 이 책은 다음과 같은 목표를 제시하고자 한다.

먼저, 20세기 초반의 일상사라는 시각을 통해 사진신부의 이주, 정착, 미국 사회와의 갈등과 타협 등 복잡하고 모순적인 선택을 규명할 것이다. 독립운동사의 한 행위자, 자율적인 노동이주 여성, 이민법이라는 제도적 변화 및 국제관계 변화의 희생양

31 김지원, 앞의 논문, 2010; 김지원, 앞의 논문, 2016; 김지원, 앞의 논문, 2020.

으로 사진신부를 파악하는 등 기존 연구가 지닌 한계 지점을 일본 노동자에 맞선 파업파괴자, 남성이 지배하는 한인공동체와의 타협, 노동시장에서 생존을 위한 인종적 위계질서 수용, 태평양전쟁 시기 미국 사회로부터 인정받기 위한 '자기보호'라는 일상사의 시각에서 재구성하고자 한다.

다음으로, 일상사 시각에서 사진신부 연구를 통해 기존 미주 이민사의 공백을 보완하고자 한다. 기존 연구에서 설명한 것처럼 미국으로의 한인 이민사는 독립운동, 1965년 이민법 개정 이후 대거 이민과 미국 사회 내 동화 등 정형화된 '정사(正史)' 또는 정전(cannon) 형식으로 서술되었다. 이러한 정형화된 역사서술 방식은 20세기 초반부터 1924년 그리고 태평양전쟁을 겪은 사진신부, 그리고 이주여성의 선택이 지닌 복잡한 성격을 간과하고 있다. 그뿐만 아니라 이 책에서 살핀 것처럼 사진신부는 '하와이 사진신부'만이 아닌 대륙에도 부분적으로 공존했던 사진신부 출신 이주여성의 존재를 밝혀냄으로써 이민사의 영역 역시 확장할 것이다.

끝으로, 여성사 연구라는 맥락에서 이 책은 20세기 초반 이주여성의 모순적이고 복합적인 선택을 경험적으로 규명할 수 있다. 기존 연구에서는 다소 민족주의에 기반한 독립운동에 참여한 여성 연구로 논의된 것이 사실이다. 하지만 20세기 초반 미국으로 결혼이민을 선택한 여성들은 '민족의 독립'이라는 프레임으로 해석할 수 없다. 오히려 미국에서 아시아인으로서 문화 · 교육 자본을 지니지 못한 한인 사진신부들이 자기보호와 생존을 위해 선택한 복잡한 맥락이 재해석되어야 한다. 이 점에서 이 책은 이들이 결혼을 통해 맺은 관계 그리고 이후 경험한 공간들 속에서 형성한 관계에 어떤 의미를 부여했는가를 밝힘으로써 한인 이주사의 에피소드가 아닌, 독립운동사의 일환만으로도 환원하기 어려운 다층적인 이주여성으로서 사진신부를 위치시키고자 한다.

2) 일상사와 '자기보호'

이 책에서는 사진신부의 다층적인 선택을 분석하기 위해 '일상사'와 '자기보호'라는 맥락에 주목하고자 한다. 먼저 왜 이런 접근을 강조하는지 배경을 소개하고자 한다. 첫째, 사진신부라는 이주여성들이 미국에서 맺은 여러 관계 속에서 과연 독립적인 행위자이기만 한 것일까? 기존 연구는 사진신부의 개인적 · 독립적 성격에 대해 과도하게 의미가 부여되었다.

둘째, 사진신부들에게 민족이 그렇게 중요했을까? 오히려 한인 남성들과 달리 이들은 결혼을 통해 이주한 미국에서 생계, 적응, 시민권 획득, 경제적 기반을 위한 여러 가지 선택지를 마련하는 것이 더 중요하지 않았을까? 즉, 행위자로서 사진신부를 설정한다고 해도 민족의식에 기반해 독립에 기여하고 불리한 법을 딛고 능동적인 주체로 삶을 개척했다는 것은 기존 연구 패러다임의 반복이 될 수 있다. 따라서 이 책에서는 미국 이민사와 여성사

연구에서 새로운 접근을 위해 일상사적인 관점을 빌려와 한인 사진신부에 관한 논의를 하고자 한다.

'일상(everyday life)'이란 매일매일을 살아가는 반복적인 삶의 형태이기도 하고, 노동계급에게는 노동시간과 자유시간으로 구분되는 임노동자로서의 삶이기도 하며, 퇴근 후 여가, 자유시간을 영위하는 것을 의미하기도 하다. 하지만 본 논문에서 사용하는 독일 일상사 연구자들에게 일상이란 지루한 반복적인 일상을 의미하는 것이 아니다. 오히려 일상사에서 일상이란 일상을 살아가는 행위자들의 '구조화된 선택'이다. 행위자들이 그들의 세계를 전유하는 형식들이 '일상의 중심'[32]이며, 일상사는 인간의 일상적 행동 전체를 다루는 시각이라고 볼 수 있다.[33] 지배와 저항이라는 이분법으로만 이해하기 어려운 고집, 타협, 굴종, 일상적 저항 등이 포함되는 구불구불한 선택의 연속을 '일상'이라고 부른다.

일상은 행위자가 살아가는 사회적 삶의 공간적 범주인 가정, 공장, 직장 등이라기보다는 하나의 시각이다. 이 점에서 대표적인 독일 일상사가 알프 뤼트케(Alf Luedtke)는 역사학자들에게 일상사는 "낯섦"이라고 지칭하기도 했다.[34] 다시 말해 일상사는 주어진 구조적 조건 아래에서 상황을 인지하고 자신을 유지할 수

---

32 알프 뤼트케(Alf Luedtke), 나종석 역, 『일상사란 무엇인가』, 청년사, 2002, 22쪽.

33 이유재, 「독일 일상사 연구와 알프 뤼트케의 삶」, 『알프 뤼트케의 일상사 연구와 '아집': 직선을 벗어나 구불구불 가기』, 역사비평사, 2020, 16쪽.

34 알프 뤼트케, 앞의 책, 23-29쪽.

있는 것을 전유하려는 행위에 관심을 지닌다. 독일 일상사에 많은 영향을 준 에드워드 팔머 톰슨(Edward Palmer Thompson)은 18세기로 접어드는 시기에 독학자적인 장인(artisan)의 자율성을 강조하면서 '아래로부터의 역사(history from below)'를 내세웠다. 독일 일상사학자들도 17세기에서 18세기로 넘어가는 시기, 장인과 초기 노동자계급의 역동성은 인정한다. 하지만 20세기 접어들면서 개별화된 개인이 지배계급의 동원 프로젝트에 매혹되고 스스로 참여하는 경우가 잦아진다. 그 대표적인 사례가 제2차 세계대전 시기 나치즘의 청소년, 중간계급 그리고 노동계급의 동원이다.

'아래로부터의 역사'와 일상사가 구분되는 지점은 노동계급, 여성, 도시하층민 등 근대사회의 주요 행위자들의 '주체성 자체'가 지배계급의 동원 기획의 동참하게 되는 20세기적 상황이다. 그러나 여기서 간과해서는 안 될 지점은 행위자의 실천이 지배계급과 가치에 대한 동의 혹은 저항 등 '하나로 환원될 수 없다'는 점이다. 즉, 주어진 지배적 구조 속에서 자신을 지켜내기 위한 현실을 변화시키려는 행위자들의 구불구불한 실천에 내재한 "불균등한 사회적 실천의 다차원성"에 주목하고자 하는 시각이 일상사다.[35]

이 책에서는 20세기 초반 결혼을 위해 미국으로 이주한 사진신부를 일상사의 시각에서 재구성하는 데 있어 '자기보호(self-protection)'라는 용어에 주목해보고자 한다. 알프 뤼트케는 독일 노

35 알프 뤼트케, 위의 책, 39쪽.

동계급을 연구하는 과정에서 '아집(Eigensinn)'이라는 용어를 제시했다.[36] 뤼트케는 아집을 저항에 가까운 개념이라기보다 "열린 개념"으로 사용했다. 뤼트케는 "다층적이고 직접적이고 매개 불가능한 행위자의 실천"을 아집이라고 주장하며, 이런 실천은 논리적이지 않은 동시에 모순적이고 가볍고 쉽게 부서질 수 있는 실천이라고 규정했다.[37] 동의, 회피, 물러나기, 연대, 거리두기, 저항 그리고 복종 등 행위의 '가능성'이 동시에 나타나기도 하고, 권력에 저항하는 행위자가 늘 그런 것도 아니며, 지배권력에 동조하는 개인도 마찬가지다. 이는 뤼트케의 대표적 저작인 독일 노동계급의 "품질노동" 연구에서 잘 드러난다. 동료들과 몸싸움, 신체적 접촉과 장난, 노동시간 중의 딴짓 등 노동규율을 위반하면서도 성과급제를 통해 자신의 지위를 유지하려는 노동자의 모습은 전통적인 노동운동사에서 설명되기 어려운 실천이다.[38] 제임스 스콧(James C. Scott)의 '일상적 저항'과 비슷하게[39] 아집은 뺀질거림, 모호한 행동, 명확한 입장이 없는 행동 등을 설명하려고 제시

---

36 아집에 대한 자세한 사례연구에 대해서는 알프 뤼트케, 「임금, 휴식, 장난: 1900년경 독일 공장노동자의 '아집'과 정치」, 『알프 뤼트케의 일상사 연구와 '아집': 직선을 벗어나 구불구불 가기』, 역사비평사, 2020 참조. 1970년대 한국 여성노동자의 생산성 향상과 노동과정에 대한 자율적 통제 간의 모순적인 자기인식에 대해서는 Kim Won, "Between Autonomy and Productivity: The Everyday Lives of Korean Women Workers During the Park Chung-Hee Era," Alf Ludtke(ed), *Everyday Life in Mass Dictatorship: Collusion and Evasion*, Palgrave Macmillan, 2015 참조.

37 이유재, 앞의 책, 17쪽.

38 알프 뤼트케, 앞의 책, 2020.

39 제임스 스콧(James C. Scott), 전상인 역, 『지배와 저항의 예술: 은닉 대본』, 후마니타스, 2020.

된다. 독일 사민당이나 노동자운동의 시각에서 파악되기 어려운 품질노동은 나치즘에 강력하게 저항하는 것도 아니고, 또한 적극적으로 동참하지도 않는 다층적이고 한마디로 설명하기 어려운 궤적을 보인다.[40] 바로 노동자가 지배와 조우하며 생존하기 위해 보이는 모습은 합리적이거나 논리적이고 목적지향적인 행동이라기보다 모순적이고 다층적인 행위에 가깝다는 것이 뤼트케의 '아집'이라는 용어가 함의하는 바다.

'아집'과 흡사한 맥락에서 포이케르트(Detlev Peukert)의 "수동적 감내"는 행위자의 실천이 지닌 모호한 경계와 복잡성에 주목하면서, 히틀러 통치 아래 작은 사람들이 경험한 지배체제에 대해 다뤘다.[41] 포이케르트는 "아무리 억압적이라도 그 틈새를 뚫고 사적인 생활공간을 구성하려는 움직임"에 주목한다. 청소년, 여성, 노동계급 등 작은 사람들에게 지배체제에 대한 합의, 적응, 일탈 사이에 모호한 경계가 존재하며, 이들이 "자신의 이해관계라는 범위 내에서 나치체제를 지지"하는 태도를 포이케르트는 "수동적 감내"라고 불렀다.

이 책에서는 알프 뤼트케의 "아집"과 포이케르트의 "수동적 감내"가 지닌 일상사 시각의 문제의식을 변용해서 "자기보호(self-protection)"라는 용어를 제안하고자 한다. 20세기 초반 결혼을 목적

---

40 알프 뤼트케, 송충기 엮음, 『알프 뤼트케의 일상사 연구와 '아집': 직선을 벗어나 구불구불 가기』, 역사비평사, 2020, 9장 "일하는 사람들: 일상의 삶과 독일 파시즘" 참조.

41 데틀레프 포이케르트(Detlev Peukert), 김학이 역, 『나치 시대의 일상사: 순응, 저항, 인종주의』, 개마고원, 2003 참조.

으로 미국으로 이민한 사진신부들은 이주한 미국에서 안정적으로 자신과 가족 구성원들을 보호할 수 있는 범위 안에서 유색인종에 불평등한 인종적 위계, 남성과 가부장적 질서의 인정, 노동시장에서 성별분업 등을 수용했다. 사진신부들의 미국 이민, 가족 형성 및 노동시장 진입 과정에서 다층적인 측면을 드러내주는 용어를 "자기보호"라고 부르고자 한다.[42]

이 책의 제III부와 제IV부에서 후술하겠지만, 20세기 초반 식민지 조선에서 미국으로 이주한 사진신부에게 '자기보호'라는 의미는 다층적이고 복잡했다. 무엇보다 한인 사진신부에게 '자기(self)'라는 용어는 당시 미국의 페미니즘 운동에 위치한 피식민지 출신 아시아 여성 이민자라는 맥락을 통해 이해 가능하기 때문이다. 특히 19세기 후반부터 서구사회에서 진행된 여성 참정권 운동은 여성의 '자아' 확산에 긍정적인 영향을 주었다. 그러나 이와 같은 밑으로부터 시작된 여성의 참정권 운동과 이후 연쇄적으로 등장한 미국 내 이주여성의 시민권 획득 논쟁에서 한인여성들은 그 대상에서 제외되었다. 이러한 시각에서 보면 사진신부의 주체적 자아 형성이라는 것은 개인주의에 기반한 미국의 제도 속에서 등장한 것이라기보다는 그녀들의 생존, 곧 자신과 가족의 생존

---

42 사진신부의 자기보호와 관련해서 한인 사진신부들은 미국으로의 이주와 정착 과정에서 '심리학적 자아'를 통해 '자기'를 보호하는 개인의 선택과 주체적 실천을 수행했다. 이는 근대에서 현대로의 이행기에 인간 개체가 자기 자신으로부터 자기 가치를 재발견하는 자아를 형성하게 되는 과정을 거친 것에 비유할 수 있다. 사진신부들은 자신을 보호하기 위한 선택과 실천의 반복을 통해 현대적 '자아'를 형성한 것이다.

이라는 데 더 밀접한 관련성을 갖는다. 피식민지 출신 이주여성이라는 배경은 이들이 자기생존뿐 아니라 가족생존을 위한 선택을 구불구불하게 실천하는 데 더 큰 영향을 주었기 때문이다.

그러나 사진신부들이 '가족'을 위한 선택만 한 것은 아니었다. 가령 사진결혼을 통한 미국 이주의 경우 가족을 위한 것보다는 '스스로'를 '보호'하고자 한 측면이 더 컸기 때문이다. 그러나 미국 이주 이후부터 한인 사진신부들에게 '자기'의 범위가 확장되어 가족을 포함한 자아를 의미하게 된다. 즉, '자기보호'라는 것이 개인에서 시작하여 가족의 생존을 포함하는 더 넓은 개념으로 확장된 것으로 이해되어야 할 것이다. 구체적으로 사진신부의 '자기보호'적 선택을 협의와 광의의 개념으로 사용하고자 한다. 즉 좁은 의미에서 '자기보호'란 자신의 모든 힘을 생존을 목적으로 자신을 위해 사용하고, 넓은 의미에서는 '가족생존'을 포함한 자기 자신과 가족의 생존을 의미하는 것으로 정의하고자 한다.

일상사가 도로테 비어링(Dorothee Wieriling)이 지적했듯이, 여성의 (가사)노동, 사랑, 억압은 대단히 모순적으로 얽혀있는 현상이다. 이런 맥락에서 볼 때 사진신부의 안정적 이주, 교육과 노동시장에서 신분 상승 욕구, 인종주의와 가부장적 억압 등이 모순적으로 얽혀 있었음에 주목해야 한다.[43]

예컨대 사진신부들은 미국으로의 이민 과정에서 자신보다 나이가 많고 노동능력도 떨어지는 가부장에 대해 실망하고 남성

---

43 도로테 비어링(Dorothee Wieriling), 「일상사와 양성관계사」, 알프 뤼트케 편, 나종석 역, 『일상사란 무엇인가』, 청년사, 2002.

〈그림 2〉 한국이민사박물관에서 재현한 하와이 한인여성의 일상[44]

들 위주로 돌아가는 한인사회에 불만을 품었지만, 안정적인 정착을 보장해주는 한 사진결혼을 수용했다. 동시에 더 이상 자신과 가족의 안전과 생계를 보장해주지 못하는 농장에서 도시로 이주하면서 경제적으로 무능력한 가장과의 이혼을 통해 저항하는 것처럼 보이지만, 자신과 자녀의 생존을 위해 유색인종에 적대적인 도시에서 공포와 미국 노동시장 내 유색인종에게 부여되는 가장 낮은 지위를 인내하기도 했다. 그뿐만 아니라 영남부인회 참여를

44 한국이민사박물관에서는 하와이 사탕수수 농장과 한인의 가옥을 전시하고 있다. 위의 사진은 필자가 직접 촬영한 것으로 가사노동을 하는 한인여성의 일상을 재현하고 있다.

통해 여성들의 독자적인 공동체에 의미를 부여하기도 했으나, 이들 조직은 남성 중심의 한인사회에 의존적인 모순적인 면을 지녔다. 태평양전쟁으로 미국 내 반일 정서가 강화되자 스스로 일본인임을 부정하고 미국에 충성을 드러내어 경제적 이익을 얻기도 하지만, 그 내면에는 미국에서 태어난 자녀들 그리고 자기 자신 또한 시민권을 얻기를 욕망하기도 했다.

이처럼 일상사의 시각에서 사진신부를 다룸으로써 새롭게 조명할 수 있는 바는 미국 사회의 지배적 질서와 규범을 지키는 것처럼 보이지만, 동시에 신분 상승을 욕망하면서도 끊임없이 불안감을 감출 수 없었던 이들 삶의 복잡성을 드러낼 수 있다는 점이다. 즉, 일상사의 시각과 '자기보호'를 통해 사진신부들의 구불구불한 실천과 자신을 보호해줄 수 있는 현실을 재구성하려는 선택을 이해할 수 있다.

또한 사진신부의 구불구불한 실천과 모순적이고 다층적인 행위는 아직까지 활발하게 논의되지 않았던 트랜스내셔널 일상사를 보완하고 이해하는 데 연구사적인 의미가 있다. 독일 일상사는 거대한 내러티브에 의지한 채 수치나 구조를 통해 인간 행위를 설명하기보다는 '지역'에 기반한 작은 사람의 구불구불한 실천의 복잡성에 주목했다. 일상사 시각에서 사진신부 같은 '트랜스내셔널'한 삶의 궤적을 지닌 여성들을 탐구하는 일상사 연구는 희귀하다.

한국 근현대 연구에서 일상사적 시각으로 여성 행위자를 주목한 연구는 식민지 시기 근대 여성의 욕망과 젠더정치를 논의한 연구[45]와 산업화 시기 여성 노동자의 일상을 분석한 연구[46]가 있다. 2000년대 중반 이후 국내 일상사 연구들은 지배와 종속의 관계에서 피지배자의 행위, 다시 말해 역사 속의 타자였던 여성 행위자들에 주목하고 그들의 행위와 실천을 분석했다.

최근 들어 식민시기 일기나 재판문서 등을 통해 기존 연구에서 주목받지 못한 '작은 사람'을 탐구한 연구들도 발표되었다. 예컨대 1940년 발생한 '불온 낙서' 사건과 관련된 판결문 분석을 통해 주변화된 개인의 기억을 논의한 연구가 있다.[47] 에코도큐먼츠(ego-documents)로서 일기가 개인의 일을 단속적으로 기록한 것이라 할지라도 개인의 일상과 선택의 재해석을 통해 과거의 생활세계로 연구영역을 넓힐 수 있음을 보여주었다.[48]

이처럼 2000년대에 본격화된 일상사 시각에서 진행된 연구들은 지배질서에서 여성, 노동자, 하층민 등 역사적 타자들의 중첩성과 다의성을 보여주고 이들의 구체적 실천과 행위에서 드러나는 다양성을 포착하고자 했다. 일상사라는 연구사에서 그 연장

---

45 소현숙, 「'근대'에의 열망과 일상생활의 식민화」, 이상록 · 이유재 엮음, 『일상사로 보는 한국근현대사』, 책과함께, 2006.

46 김원, 「한국 산업화 시기 여성 노동자의 '일상'」, 이상록 · 이유재 엮음, 『일상사로 보는 한국근현대사』, 책과함께, 2006.

47 정병욱, 『植民地 불온열전: 미친 생각이 뱃속에서 나온다』, 역사비평사, 2013; 정병욱, 「식민지 기억과 분단, 1940년 양구군 해안면 소학교 낙서사건을 사례로」, 오타 오사무 · 허은 편, 『동아시아 냉전의 문화』, 소명출판, 2017.

48 정병욱, 「식민지 농촌 청년과 재일조선인 사회」, 『일기를 통해 본 전통과 근대, 식민지와 국가』, 소명출판, 2013; 이타가키 류타, 「꿈속의 고향」, 『일기를 통해 본 전통과 근대, 식민지와 국가』, 소명출판, 2013; 이정덕 외, 『금계일기 1』, 지식과교양, 2016; 이정덕 외, 『인천일기 1: 한 주물 기술자의 일과 삶』, 지식과교양, 2017.

선상에 위치한 이 책은 한인 사진신부의 이주와 정착 과정에서 드러나는 트랜스내셔널한 생애와 선택의 궤적에 주목했다. 이는 그간 일상사 연구에서 논의되지 않은 트랜스내셔널적인 측면이 한인 사진신부의 선택 속에서 어떻게 구체화되는지 살펴본다는 점에서 기존 연구와 차별적이다. 다시 말해 사진신부의 행위공간 변화에 주목함으로써 이들의 복잡하고 모순적인 선택이 이주, 정착, 가족 형성 등 트랜스내셔널적인 영향 아래 확장되었고 이는 행위자로서 여성들의 구불구불한 선택과 실천들이 자기보호적인 맥락과 닿아 있었음을 드러내준다.

3. 연구대상 및 연구자료 그리고 연구의 구성

이 책은 100여 년 전 미국에 이주한 한인여성의 삶과 경험을 분석하고자 함이므로 기존 연구에서 주로 사용된 생애사나 구술사의 자료뿐만 아니라 종래에 활용하지 않았던 분야의 자료들까지 분석의 대상으로 삼을 것이다.

먼저, 사진신부와 관련된 사료들이다. 천연희와 송정윤처럼 하와이로 간 사진신부들이 직접 작성한 수기들과 미국에서 출판된 한인 사진신부의 구술자료들[49] 그리고 사진신부의 자녀들과

---

49 국내에서 출판된 것으로는 송정윤의 신앙수기 『내가 하리라』(1989)와 천연희의 녹취록과 수기를 토대로 출판된 『사진신부 천연희 이야기』(2017)가 있다. 국외에서 발표된 것은 사진신부 이영옥의 생애사를 기록한 *The Passage of a Picture Bride* (1994)와 Sonia Shinn Sunoo(한국명 신성려)가 20여 년에 걸쳐 미 대륙의 한인 94명을 인터뷰한 후 그중 사진신부의 구술자료들을 모아 출판한 *Korean Picture Brides: 1903-1920: a Collection of Oral Histories* (2002)가 있다.

손자손녀들의 인터뷰,[50] 사진신부의 여권과 비자,[51] 20세기 전반 한인과 관련된 미국 이민국의 자료[52]를 사용할 것이다. 이들 자료는 일상사에서 강조하는 행위자의 선택을 이해하고 재구성하는 데 중요하다.

두 번째, 사진신부가 어떠한 정치적 상황에서 미국으로 이주하게 되었는지를 살펴보기 위해 1875년의 페이지법(Page Act),[53] 1882년의 중국인 차별법(Chinese Exclusion Act),[54] 1907년의 행정명령(EXECUTIVE ORDER) 589호,[55] 1917년의 이민법(An Act of 1917),[56] 1924년의 이민법(An Act of 1924),[57] 1943년의 이민법(Magnuson Act),[58]

---

50 이선주와 로버타 장은 한인 사진신부의 자녀들을 포함한 하와이 한인 2세의 구술자료인 『하와이 한인사회의 성장사 1903-1940』(2014)을 출판했다. 이경원 · 김익창 · 김그레이스는 하와이, 미 대륙, 멕시코 지역으로 이주한 한인과 그들 자녀들의 구술자료를 모아 『외로운 여정: 육성으로 듣는 한인 초기 이민사』(2016)를 발표했다.

51 Wayne Paterson, 앞의 책, 2000; 행정자치부, 앞의 책, 2016.

52 Erika Lee and Judy Yung, *Angel Island: Immigrant Gateway to America*, Oxford University Press, 2010.

53 An Act Supplementary to the Acts in Relation to Immigration (Page Law) sect. 141, 18 Stat. 477(1897-March 1875)

54 Chinese Exclusion Act from the Library of Congress

55 Roosevelt, Theodore, "Entrance of Japanese or Korean Laborers, 589. EXECUTIVE ORDER, the White House, March 14, 1907." In SENATE DOCUMENTS Vol. 12. Washington, Government Printing Office, 1914.

56 An Act of 1917, 39 Stat. 874(Pub. L. 64-301)

57 An Act of 1924, 43 Stat. 153(Pub. L. 68-139)

58 An Act to repeal the Chinese Exclusion Acts, to establish quotas, and for other purposes(또는 Chinese Exclusion Repeal Act of 1943), 57 Stat. 600(Pub. L. 78-199).

1945년의 전쟁신부법(War Brides Act),[59] 1949년의 농업법(Agricultural Act),[60] 1952년의 이민법(An Act to revise the laws relating to immigration, naturalization, and nationality)[61] 전문들과 이와 관련된 미국 국회의사록(U. S. Congressional Record)[62] 등 미 정부 문서들을 적극적으로 활용할 것이다. 더불어 1910년부터 1924년까지 미국 이민국 자료들을 통해 한인사회의 규모와 성비를 분석할 것이다. 또한 1900년부터 1940년까지 미국 센서스 자료들[63]을 바탕으로 농장과 도시에서 한인여성의 인구가 어떻게 변화되었는지를 살펴보고, 특히 도시에서 한인여성의 직업 분포를 통해 한인여성의 변화되

---

59 The War Brides Act of 1945, 59 Stat. 659.

60 An Act to stabilize prices of agricultural commodities, 63 Stat. 1051(Pub. L. 81-439).

61 An Act to revise the laws relating to immigration, naturalization, and nationality (Pub. L. 66-163)

62 U. S. Congress. Congressional Record. 1875; U. S. Congress. Congressional Record. 1882.

63 U. S. Department of Commerce, Bureau of the Census. Thirteenth Census of the United States Taken in the Year 1910, *Vol. I. Population*. Washington D. C.: U. S. Government Printing Office, 1913; U. S. Department of Commerce, Bureau of the Census. Fourteenth Census of the United States Taken in the Year 1920, *Vol. II. Population*. Washington D. C.: U. S. Government Printing Office, 1921; U. S. Department of Commerce, Bureau of the Census. Fifteenth Census of the United States Taken in the Year 1930, *Population 2. General Report Statistics by Subjects*. Washington D. C.: U. S. Government Printing Office, 1932; U. S. Department of Commerce, Bureau of the Census, Fifteenth Census of The United States: 1930, *Outlying Territories And Possessions*, Washington: United States Government Printing Office, 1932; U. S. Department of Commerce, Bureau of the Census. Fifteenth Census of the United States Taken in the Year 1940, *Agriculture Vol. III General Report*. Washington D. C.: U. S. Government Printing Office, 1943.

는 경제력에 주목할 것이다. 특히 태평양전쟁 전후 하와이 한인의 소득 증감을 논의하기 위해 1953년 미국 정부(U. S. Department of Commerce Office of Business Economics)에서 출간한 『하와이의 소득(Income of Hawaii)』을 분석할 것이다.[64] 그리고 1973년 미국 정부(U. S. Department of Health, Education, and Welfare Pubic Health Service)에서 발표한 100년(1867~1967) 동안 집계된 미국의 결혼과 이혼의 통계자료[65]를 이용해 미국의 전체 이혼율과 한인 사진신부의 이혼을 각각 비교해보고자 한다. 또한 태평양전쟁 시기 이후 미국 내 한인의 지위와 그 변화를 추적하기 위해 먼저 1900년부터 2000년까지 하와이 센서스 자료도 분석하고, 1924년 이후 제정된 미국 이민법들이 한인 사진신부들에게 미친 영향도 논의할 것이다.[66]

세 번째, 미국 정부 문서들과 함께 신문, 잡지 그리고 회의록을 사료로 활용할 것이다. 1910년대부터 1920년대까지 조선에서 출판된 신문과 잡지, 가령 《대한매일신보(大韓每日申報)》, 《동아일보(東亞日報)》, 《만세보(萬歲報)》, 《매일신보(每日申報 또는 每日新報)》, 《조선일보(朝鮮日報)》 등에서 사진신부와 관련된 기사들을 통해 식

64 Charles F. Schwartz, Assistant Chief, National Income Division office of Business Economics, Untied States Department of Commerce Office of Business Economics, Income of Hawaii: A Supplement to the Survey of Current Business. U. S. Government Printing Office, Washington: 1953.

65 U. S. Department of Health, Education, and Welfare Pubic Health Service, Health Resources Administration, National Center for Health Statistics. "100 Years of Marriage and Divorce Statistics United States, 1867-1967," December 1973.

66 United States. Bureau of the Census. 1970, 1980, 1990 *Census of Population. General Population Characteristic*. (Washington, D. C.).

민지 조선에서 사진신부에 대한 언론의 시각과 당시의 여론을 살펴볼 것이다. 미국의 한인 언론인 《신한민보(新漢民報)》 분석을 통해 당시 하와이 한인사회의 주요한 쟁점과 사진신부의 관련성에 대해 논의할 것이다. 사진신부의 정치적 · 사회적 활동에 대해서는 『대한부인구제회 대표회 회의록』의 임원 명단과 재정 통계를 분석하도록 하겠다. 또한 하와이의 현지 신문인 *Honolulu Star-Bulletin* (*Honolulu Hawaii*), *The Pacific Commercial Adviser*와 미 대륙에서 출간되는 신문 *New York Times, Chicago Daily Tribune*에서 사진신부와 관련된 내용분석을 통해 한인 사진신부에 대한 백인사회의 시선 등을 검토해볼 것이다.

다음으로 연구의 목차와 관련해서, 이 책은 총 5개 부로 이루어져 있다. 우선 제I부 머리말에서는 이 논문이 제기하는 문제의식을 설명하고, 선행연구를 검토한다. 이와 더불어 이 논문의 접근방식인 일상사와 자기보호에 관해 제시하고, 분석하고자 하는 자료 및 논문의 구성을 소개하고자 한다.

제II부에서는 미국의 아시아인에 대한 이주정책, 제도, 법률의 변화 과정과 그 속에서 한인 사진신부가 이주하게 된 역사적 맥락을 분석할 것이다. 20세기 초 한인여성의 사진결혼은 19세기 말 이래 단속적으로 진행되어온 미국의 아시아 노동이주의 일환으로서 미국의 이민법과 이민정책에 내재된 차별적 포섭을 논의할 것이다. 따라서 제II부에서는 '중국-일본-식민지 조선'으로 이어져온 노동이주의 경험 속에서 사진신부가 출현하게 된 맥락과 이들의 등장이 미국의 아시아 노동이주의 역사에서 의미하는 바를 분석할 것이다.

제III부는 사진결혼의 배경과 사진결혼 과정을 분석하고자 한다. 식민지 조선에서 사진신부들이 품었던 교육열과 당시 조선 사회에서 재현된 '미화된' 미국이 이들의 이주에 어떤 영향을 미쳤는지를 분석해보겠다. 또한 사진신부들의 구술자료, '인물거간(人物居間)군'에 대한 조선의 언론 기사들, 사진결혼에 대한 미주 한인 언론의 기사분석을 통해 사진결혼과 이주가 이뤄지는 경로 및 미국과 조선 양국에서 바라보는 사진결혼에 대한 상반된 시각을 논의할 것이다.

다음으로 제IV부에서는 미국으로 간 사진신부들이 농장, 도시, 공동체 등 기타 공간에서 맺은 민족적 적대감, 독자적 주체성만으로 환원되지 않는 중층적 사회관계를 분석하고자 한다. 가령 사진신부들이 경험한 순간, 만났던 사람들, 일했던 장소, 거주지 등 '장소-공간'을 매개로 '여성, 배우자, 어머니, 서비스노동 종사자'로서 각각 다르게 맺은 인종, 계급, 젠더 관계를 구체적으로 분석하는 작업을 시도할 것이다. 이를 통해 한인 사진신부들이 미국 사회와 한인사회 내 중층적 관계 속에서 생존을 목적으로 이루어진 '자기보호'라는 선택의 의미를 논의할 것이다.

끝으로, 제V부인 맺음말에서는 20세기 초반 조선에서 미국으로 이주하여 정착한 한인 사진신부들의 미국 사회에서의 인종 · 젠더적 불평등과의 갈등과 미국 사회의 위계질서를 수용하고 타협하는 모순적 선택과 생존을 위해 선택한 자기보호라는 접근이 지니는 일상사적 접근의 연구사적 의의에 대해 정리하고자 한다. 즉 기존의 논의에서 정형화된 사진신부에 대한 시각을 넘어서 사진결혼을 통해 맺어진 다양한 사회관계 속에서 지배질서와 타협, 순응, 절충을 선택한 이주여성으로서의 다층적인 성격을 정리해보겠다.

II

미국 이민법과 사진결혼제도

1. 미국 이민법의 형성과 한인의 이주
2. 이민법의 변천 과정과 아시아 여성
3. 미국 사진결혼제도의 형성
4. 인종, 민족, 젠더가 중첩된 사진결혼제도

This Certifies That
of Kim Si Ho and of Lee Chu Chi
were united by me in
MARRIAGE
on the 12 day of January in the Year of Our
Lord One Thousand Nine Hundred and Seventeen
at Saint Elizabeth's Mission, Honolulu, T. H.
Witnesses: Shin Kyk Keyun
Mrs Shin
John Pahk
Priest-in-charge of St. Luke's
No.15
Published by Mayer & Bro. Chicago Ill.

사진결혼 증명서

(이화인문과학원 제공)

한인 사진신부는 일본인 사진신부의 뒤를 이어 미국에 이주하게 된 집단으로서 미국과 일본 간 외교관계의 부속물로 여겨져왔다.[1] 그러나 한인 사진신부의 등장은 무엇보다 미국의 이민법, 곧 이주정책과 관련된 복잡한 문제다. 이 장에서는 한인 사진신부의 등장으로 인한 이민법, 사진결혼제도 변화와의 연관성을 살피고 당시 이민정책의 특징을 '차별적 포섭'이라는 시각으로 살펴볼 것이다.

한인 사진신부의 등장을 살펴보기 위해서는 먼저, 동아시아인의 미국으로의 이주를 살펴보아야 한다. 동아시아인의 미국 이주 역사는 미국 이민법을 통한 이민정책의 변천과 함께 미국 자본의 이동과 연관된 문제이기 때문이다. 이 장에서는 한인의 이주와 함께 한인 사진신부 이주의 정치경제적 배경에 주목할 것이다. 다음으로, 이러한 동아시아인의 이주 가운데 여성의 이주는 어떠한 맥락에서 발생했는지 한인 사진신부를 사례로 논의할 것이다. 이를 위해 19세기 중반부터 미 서부지역에서 사회문제로 제기된 중국인 성매매 여성 문제를 논의할 것이다. 중국인 성매매 여성 문제와 일본인 사진신부와의 연관성을 미국 이민법의 변천을 통해 추적할 것이다. 요컨대 19세기 중엽부터 20세기 초까지 전개된 미국 이민법과 이민정책의 변화 속에서 동아시아 여

1 Tanaka, Key, "Entry of Korean Picture Brides in the Conflicts between the Immigration Policies of Two Empires," 한국학중앙연구원 국제학술대회: 20세기 초 태평양을 건넌 한국 여성들: 한국 근대 미주지역 여성이주 및 유학 연구(1), 성남, 2014년 10월 21일; Zug, 앞의 책, 2016.

성 간 위계 문제가 내포된 채 한인 사진신부들에 대한 '차별적 포섭'[2]이 존재했음을 살펴보고자 한다.

마지막으로, 미국에서 사진결혼제도가 어떠한 맥락 하에 형성되었는지를 분석해보고자 한다. 이를 통해 미국의 사진결혼제도 또한 백인 남성 노동자들을 위해 시작된 것으로 아시아인 사진결혼제도와 유사한 것이었음을 밝혀보고자 한다.

---

2 '차별적 포섭'은 포섭이 사회경제적 불평등을 감소시키는 선(good)이라는 인식에 반대하면서 포섭과 배제가 중첩되는 통치성을 강조하는 개념으로, 경계는 고정된 장벽이 아닌 사회적 관계라고 주장한다(산드로 메자드라 · 브렛 닐슨, 앞의 책, 2021). 이러한 시각에서 이 책에서는 미국이라는 사회 영역 안에서 어떻게 다양한 수준의 종속, 지배, 차별, 파편화에 의존할 수 있는지를 묘사하고 분석하기 위한 수단으로 '차별적 포섭'이라는 개념을 사용할 것이다.

1. 미국 이민법의 형성과 한인의 이주

1) 이민법과 아시아인 노동력의 이주

아시아인의 미국으로의 본격적인 이주는 19세기 중엽부터 시작된 중국인 남성 노동자의 이주에서 그 기원을 찾을 수 있다. 1848년 미 서부지역에서 발견된 금광은 노동자들에게 고임금을 제공하는 금광산업을 형성했고, 이는 전 세계에서 미 서부 연안 지역으로의 이주 현상, 곧 미 서부지역의 골드러시 붐을 일으켰다. 골드러시 붐은 미국 정부가 이민자의 수를 정해놓지 않고 무제한적으로 이민을 받은 시작점이 되어 20세기 전반까지 미국 내 이민자의 유입이 이어졌다.

이러한 골드러시 현상의 이면에는 급속한 산업화와 부족한 노동력으로 창출된 고임금이 비단 아시아인뿐만 아니라 전 세계 노동자의 관심을 불러일으켰다는 사실이 존재한다. 골드러시 붐을 타고 가뭄과 기근에 시달리던 광둥성 지역의 빈농 출신인 중국인 노동자들이 미 서부지역으로 진출했다. 중국인 노동자의 경우 다른 인종과 민족에 비해 저렴한 임금을 무기로 미 서부지역의 광산업에 투입되었다. 그러나 1860년대 광산업의 쇠퇴로 중국인 노동자들은 대륙횡단철도의 건설현장에서 일하기 시작했다. 백인 고용주들은 '인내심 있고 온순하며 계약을 준수하여 고용주와 마찰이 적은' 동시에 백인 노동자보다 더 저렴한 임금의 임시체류자(sojourner) 성향의 중국인 남성 노동자를 선호했다.[3]

그러나 1870년대 말부터 시작된 경제 불황으로 백인과 중국인 간의 일자리 경쟁이 치열해졌다. 백인 노동자들은 노동조합을 만들었고, 백인 노동 지도자들은 저임금의 중국인이 자신들의 일자리에 위협이 된다는 정치적 발언을 쏟아내며 정치인들을 압박했다. 미 서부지역 전역에서 중국인에 대한 배척 감정이 노동단체와 시민단체의 조직적 활동을 통해 고조되었고, 1879년 주민투표를 거쳐 미 서부지역 주 헌법을 수정하여 중국인 이민을 제한하는 법이 제정되었다. 그해에 중국인 이민 금지법이 연방의회를 통과했고, 미국 대통령의 거부권 행사 등 미국 정치인들과 백인 노동자 간의 대립과 충돌 끝에 1882년 미국 연

---

3 중국인 노동자의 하와이 설탕산업 참여는 1852년 농장주들의 요청으로 시작되었는데, 1882년의 경우 하와이 사탕수수 농장 전체 노동자 10,243명 중 중국인은 5,007명으로 1/2에 해당하는 수치였다(박여진, 앞의 논문, 2020). 반면 미 서부로 이주한 중국인 노동자의 경우 1875년의 조사에 따르면 10만 5천 명으로 이는 미 서부지역 전체 노동자 가운데 1/4에 해당하는 수치였다. 민경희, 『미국 이민의 역사 이론과 실제』, 개신, 2008.

방법 최초로 특정 국적을 차별하는 중국인 배척법(Chinese Exclusion Law)이 제정되었다.[4]

1882년의 중국인 배척법 시행으로 발생한 미국 노동시장에서 중국인의 공백은 백인 노동자만으로는 채워지지 않았다. 미 서부지역의 경우 대규모 경작을 위한 농업 노동력이 필요했고, 하와이의 경우 플랜테이션 농장을 위한 노동력이 필요했다. 백인 농장주들은 중국인 노동자를 대체할 노동자를 물색하기 시작했다. 농장주들은 중국인 노동자와 마찬가지로 저렴한 임금의 일본인 노동자들을 적극적으로 고용했다. 특히 하와이에서 1885년에서 1894년 사이 대략 3만여 명의 일본인 노동자들이 이주해 사탕수수 농장에서 일했다. 그러나 1890년대 초 하와이에서 가장 큰 이민자 집단이 된 일본인 노동자들은 중국인 노동자들과 달리 농장에서의 부당한 처우에 반발하며 여러 차례 파업을 주도했다.[5] 1900년에서 1905년 사이에 일본인 노동자들은 여러 차례 파업을 벌였으며, 이는 농장주들에게 막대한 손해를 입혔다. 백인 농장주들은 일본인 노동자를 견제할 목적으로 한인 노동자[6]를

4 1882년 미국 의회에서 중국인 배척법이 제정되자 1883년 하와이 왕국에서도 중국계 이민자의 입국을 금지하는 법안이 통과되었다. 김지원, 앞의 논문, 2010.

5 이러한 차이는 일본인 노동자들의 숫자와 함께 이들이 이후 결성한 노동단체의 역할이 컸다. 이에 대해서는 제IV부에서 후술하겠다.

6 백인 농장주들은 한 명을 고용하는 데 250달러가 드는 백인 노동자보다 70달러로 비용처리가 가능한 아시아인 노동자를 선호했기 때문이다. 김지원, 앞의 논문, 2010.

고용하는 데 관심을 갖게 되었다.[7]

2) 한인의 노동이주

미국 입장에서 한인 노동자는 저렴한 노동력이자 일본인 파업파괴자로서[8] 하와이로 유입되었다. 한인의 노동이주는 1903년에서 1905년 사이에 총 7,226명이 하와이로 이주하면서 시작되었다. 이들 가운데 20대 남성이 84%였고 9%가 여성이었으며 7%가 어린이였다.[9] 미국으로 이주한 한인의 인구구성에서도 확인할 수 있듯이, 이들은 중국인 노동자들처럼 미국에서 돈을 벌어 본국으로 돌아가려는 임시체류자의 성격이 강했다.

그러나 1905년 러일전쟁 승리 후 일본은 미국의 용인하에 대한제국의 외교권을 박탈한 후 한인 노동력의 해외 유출을 금지

---

7 Patterson, 앞의 책, 2000; 김지원, 앞의 논문, 2010; 조은정 · 송병건, 앞의 논문, 2011; 박여진, 앞의 논문, 2020.

8 19세기 후반부터 중국인 노동자를 대신해 하와이로 이주한 일본인 노동자들은 임금상승을 요구하며 수십여 차례 파업을 일으켰다. 하와이의 백인 농장주들은 파업 문제 외에도 고임금을 찾아 미 서부지역으로 유출되는 일본인 노동자들을 통제하는 데 어려움을 느끼고 새로운 노동력을 수입하고자 했다(Patterson, 2000; 조은정 · 송병건, 2011). 한인은 백인 농장주들의 필요에 의해 등장했고, 그들의 목적을 어느 정도 충족시켜주었다.

9 윤인진, 『코리안 디아스포라: 재외한인의 이주, 적응, 정체성』, 고려대학교 출판부, 2004.

했다. 일본 정부가 한인의 미국으로의 노동이주를 중단시킨 배경으로는 이민으로 인한 조세수입 감소에 대한 세무 당국의 우려, 멕시코 이민의 열악한 환경으로 인한 이민의 반대, 일본 정부의 조선인 노동력 필요, 그리고 미국 내 일본인 노동자 보호 등이 그 원인으로 논의되고 있다. 그러나 그 가운데 일본 정부가 하와이의 일본인 보호와 권리향상에 관심을 기울였다는 점에서 미국 내 일본인 보호가 가장 설득력이 있는 것으로 보인다.[10]

또한 일본에 의한 한인 노동이주의 중단은 식민지 조선의 노동력을 통제하려는 목적도 있었을 것으로 생각한다. 그러나 그 실상은 자국민, 곧 미국 내 일본인을 보호하고자 하는 목적도 있었을 것이다. 백인 농장주들은 일본인 노동자들이 주도하는 파업을 해결하고자 한인 노동력을 수입했다. 따라서 일본인 노동자 입장에서 한인의 이주는 반가운 일이 아니었다. 1903년에서 1905년 사이 이주한 한인은 농장의 일에 적응해나가며 몇몇 농장주들에게 긍정적인 평가를 받고 있었다.[11] 한인이 농장으로 지속적으로 유입되면 미국 내 일본인의 일자리를 위협할 가능성이 있었다. 이미 농장주들은 한인 노동자 '수입'의 재개를 요청하며 하와이 한인 노동자를 관리할 조선 총영사의 임명도 요청한 상

10 조은정 · 송병건, 앞의 논문, 2011. 이 책의 제IV부에서 후술하겠지만, 하와이 사탕수수 농장에서 인종 · 민족 간 위계질서가 존재했다. 인종과 민족에 따라 노동자 간 임금은 조금씩 달랐다. 특히 농장에서 아시아인 노동자 가운데 일본인은 다수를 차지하고 있었고, 이들이 주도하는 파업에 의해 노동자의 임금이 결정되기도 했다.

11 Patterson, 앞의 책, 2000; 이덕희, 앞의 논문, 2009; 조은정 · 송병건, 앞의 논문, 2011.

태였다.[12] 요컨대 일본 정부 입장에서 일본인 노동자의 경쟁자인 한인 노동자 수를 늘리는 것과 이들을 관리할 조선 총영사를 임명해달라는 이러한 농장주들의 요구는 수용하기 어려운 일이었을 것이다. 이런 맥락에서 하와이 내 한인과 일본인이 얽힌 경제적 · 정치적 상황으로 인해 일본 정부가 한인의 노동이주를 금지한 것으로 추론할 수 있다.

일본의 강제적인 조치로 새로운 이민자의 유입이 중단된 한인사회에서는 독신 남성들이 인구구성의 다수를 차지하고 있었다. 일부 독신 남성들은 알코올, 아편, 도박 문제가 있었고 경우에 따라서는 폭력이나 다툼이 살인으로까지 번지기도 했다. 이는 현지 신문에서 기사화되어 한인에 대한 부정적 여론이 형성되었다.[13] 한인사회는 남성 독신자로 발생하는 문제를 해결하고자 1910년부터 사진 교환을 통해 사진신부를 받아들이기 시작했다.

---

12 패터슨에 따르면, 하와이의 농장주들이 조선의 앨런(Alan)에게 한인 노동자 수입의 재개와 함께 하와이 내 조선 총영사 임명을 요청했고, 이는 일본 정부가 한인의 노동이주를 전면 중단하는 빌미가 되었다고 주장했다. Patterson, 앞의 책, 2000.

13 박한노라는 한인이 여권과 56달러를 훔쳐 도박으로 탕진했다고 의심한 피해자 한인이 한인 동료 6명을 모아 박한노를 때려죽였다. 하와이 법원은 한인 7명에게 사형을 선고했고, 이 사건은 1906년 3월부터 7월까지 하와이 현지 신문에서 연일 기사화되었다. 기사에 실린 사진 중에는 일본인 살인자들과 한인의 사진이 함께 기사화되어 실리기도 했다. 당시 한인사회와 밀접하게 관련된 와드먼 목사가 한인에 대한 탄원을 요청했고, 결국 한인 3명만 사형당하는 것으로 사건은 마무리되었다. "Seven Koreans Are To Be Hanged(일곱 명의 한인 사형에)," Star-Bulletin (March 26, 1906), Brandon Palmer, "Images and Crimes of Koreans in Hawaii: Media Portrayals, 1903-1925," edited by Yŏng-ho Ch'oe, From the Land of Hibiscus: Koreans in Hawai'i, 1903-1950, University of Hawai'i Press, 2007; 이덕희, 「초기 하와이 한인들에 대한 견해」, 『한국기독교와 역사』 30, 2009, 183-212쪽; 박여진, 앞의 논문, 2020.

또한 백인 농장주들은 한인 노동자들이 혼인하면 임시체류자가 아닌 농장 노동자로 정착할 수 있을 것으로 기대했다.[14] 한인사회의 수요와 백인 농장주의 기대를 안고 1910년부터 1924년까지 총 1천여 명의 사진신부들이 하와이와 미 대륙으로 이주했다.[15]

3) 한인 사진신부의 등장

한인 사진신부의 미국 이주는 일본과 미국의 외교관계에서 기인한 것으로 여겨지고 있다. 그 배경은 미 서부지역에서 반아시아 정서로 발생한 샌프란시스코 학교위원회의 백인분리운동으로 촉발되었다. 이는 곧 미국과 일본의 외교 문제로 변질되어 양국 사이에 여러 차례 메모가 오가는 것으로 해결되었다.[16] 당

---

14 백인 농장주들이 사진신부를 기대했을 것으로 추정할 뿐이다. 당시 백인 농장주들의 모임 회의록에 따르면 한인 사진신부를 데려오기 위해 한인 노동자들에게 금전적 도움을 주자는 제안에 대해 농장주들은 반대했다. Patterson, 앞의 책, 2000.

15 기존 연구에서 한인 사진신부는 1,112명이 미국으로 이주했다고 알려져 있으나 정확한 숫자는 현재로서는 확인할 수 없다. 다만 1910년에서 1924년 사이 일본에서 발급한 여권 숫자와 미국 이민국으로 입국한 한인여성 수를 모두 고려해보면 대략 600~1,000여 명 내외였을 것으로 추정한다.

16 Roger Daniels, *Asian America: Chinese and Japanese in the United States Since 1850*, University of Washington Press, 1988; Catherine Lee. "Where the Danger Lies': Race, Gender, and Chinese and Japanese Exclusion in the United States, 1870-1924," *Sociological Forum*, Vol. 25. No. 2 June 2010; 김지원, 앞의 논문, 2010; Kerry Abrams, "Peaceful Penetration: Proxy Marriage, Same-Sex Marriage, and

시 루스벨트 행정부는 미 서부지역의 반일 정서를 고려하여 일본인의 비자 발급을 중단시키는 대신 인도적 차원에서 가족의 입국을 허용했다. 1908년 초 체결된 협약을 통해 일본인 사진신부가 미국으로 이주하기 시작했고, 한인 사진신부의 경우 1910년부터 미국으로 이주하게 되었다.

그러나 한인 사진신부의 미국으로의 이주는 일본 정부가 발급하는 여권을 통해 미국 정부에 비자를 신청해야 가능한 일이었다. 1915년 하와이로 이주한 사진신부 천연희에 따르면 당시 여권 발급은 결코 쉬운 일이 아니었다.

> "내 나이 15세요 14세가 되었을 때 우리나라가 일본에 합방되었고 우리 국기는 내려가고 일본 국기가 공중에서 펄펄 날았다. 이 모든 것을 내 눈으로 보고 맘이 너무나 아파 내 강산에 살기도 싫고 천리만리 가고 싶지마는 자유가 없으니 여행권도 주지 않아서 그때 애국 신사들이 청국으로 도주하고 미국으로 갔다. 우리 집안 형편은 외국 유학을 보낼 수 있었으나 일본 정부에서 여행권을 얻지 못했다."[17]

인용문에 따르면, 일본 정부의 여권 발급은 돈이 있다고 해도 허용되지 않은 경우가 존재했고 한인 가운데 여권 없이 중국

Recognition," *Michigan State Law Review*, Vol. 2011.

17 문옥표 외, 앞의 책, 669쪽.

을 거쳐 미국으로 이주한 사례도 있었다. 실제로 미국 이민국 자료에는 자신이 정치적 난민임을 주장하며 여권 없이 미국으로 입국한 한인이 있었고, 그 가운데 사진신부도 존재했다.[18] 그러나 대부분의 사진신부들은 일본 정부로부터 여권을 발급받아 미국으로 이주했다. 당시 사진신부의 미국 비자 발급은 일본 정부의 여권 없이는 불가능한 것이었고 일본 정부의 허가가 반드시 필요한 일이었다. 그렇다면 일본 정부는 왜 사진신부에게 여권을 발급해준 것일까?

앞서 살펴본 것처럼 미주 한인사회는 1905년 말 신규 유입이 중단되었고,[19] 그 이후부터 남성 독신자가 과반수를 상회하는 성비 불균형 상태였다.[20] 한인 사진신부가 유입된 이후로 한인사회는 성비의 균형이 어느 정도 이루어졌고, 2세의 출생으로 핵가족 중심의 사회로 안정화되었다. 이런 사실을 보면 일본 정부는 미주 한인사회의 안정화를 기대하며 한인 사진신부의 여권 발급을 허용했을 것이다.

그러나 궁극적으로 일본 정부가 기대한 효과는 한인사회의 안정화를 통해 한인의 독립운동 참여를 약화시키기 위함이었다. 유사한 맥락으로 한인 사진신부의 미국 이주를 일본 정부가 허용

---

18 Lee and Yung, 앞의 책, 2010.

19 1905년 일본이 한인의 이민을 중단한 이후에도 여권 발급이 계속되었다. 그러자 일본 정부와 협의를 마친 미국은 1907년 국무장관을 통해 일본 외무성에서 발급한 일본 여권만 유효하다고 발표했다. 조은정 · 송병건, 앞의 논문, 2011.

20 한인 남녀의 성비는 1910년 90.7 : 9.3, 1920년 75.4 : 24.6, 1930년 65.8 : 34.2였다 (Bureau of the Census, Fifteenth Census, 1930, 98; 김지원, 2010 재인용).

한 것에 대해 미주 한인사회의 반일 정서를 줄이기 위한 것이었다는 주장도 있다.[21] 미주 한인사회의 반일 정서는 하와이 감리교회의 와드먼(John W. Wadman) 목사 사건을 통해 확인할 수 있다. 당시 하와이는 감리교의 교세가 가장 컸기 때문에 한인 가운데 상당수가 감리교회에 출석하고 있었다. 1904년에서 1914년 사이 하와이 감리교회의 책임자는 와드먼 목사였다. 26년간 일본에서 선교사로 활동한 경험이 있던 와드먼 목사는 하와이에서 감리사로 재직하는 동안 일본 옷을 입고 강연하거나 기모노를 입은 여성들을 대동하고 무사도에 대한 강연을 하는 등 일본에 우호적인 배경을 가진 인물이었다. 한인 가운데 와드먼으로 대표되는 감리교에 불만을 품고 감리교회를 떠난 사례도 있었다.[22]

그러나 한인의 집단적 반일 정서는 기부금 사건으로 더 큰 파장을 일으켰다. 1905년 일본의 보호령이 공표된 후 하와이의 일본 총영사 사이토는 와드먼 목사를 통해 농장주들로부터 한인을 위한 기부금을 모금했다. 와드먼 목사는 일본 총영사의 지시로 시작된 기부금을 자신의 아내가 교장으로 근무하는 한인 기숙학교에 보조금으로 보냈다. 나중에 이를 알게 된 많은 한인은 자식들을 집으로 데려갔다.[23]

"그 이유를 알아보니 일본 정부가 우리 학생들을 돕는 원

21 Patterson, 앞의 책, 2000.

22 이덕희, 앞의 논문, 2004.

23 로버타 장 · 웨인 패터슨, 앞의 책, 2008.

조금으로 닥터 와드먼을 도와주었다 한다. 그러므로 부모들이 그것을 알고 자기 자식들을 데려갔다. 우리는 일본에 원조를 받기를 원치 않고 부모들이 학비를 다 내는데, '우리 원수의 돈을 받아 내 자식을 공부시키지 않겠다'고 부모들이 말했다. (중략) 우리 국민회에서 우리는 우리나라가 있어 우리 황제의 집조(執照, 여권 — 인용자 주)를 가지고 이민 온 사람이니, 너 일본이 상관할 것 없다 하고 쫓아 보내고 상관하지 못하게 했다."[24]

위의 인용문에서도 확인할 수 있듯이, 일본 정부는 외교권을 박탈한 이후부터 '보호'라는 명목으로 한인과 관련된 시설에 기부금 혹은 원조금을 주는 방식의 '관리'를 시도했다. 그러나 한인은 일본이 '교회'를 이용해 자신들을 '통제'하려는 것이라는 인식이 있었다. 이는 이후 1909년 한인 선교회와 일본인 선교회의 합동총회에서 한일 간 대립 양상으로 분출되었다.[25] 감리사 와드먼 목사의 친일적 배경과 일본 총영사에 의한 기부금 모금 등이 한인의 집단적인 분노를 불러일으킨 것이다. 요컨대 1903년에서 1905년 사이 대한제국의 여권을 통해 미국으로 이주한 한인은 자신들을 일본제국의 신민으로 여기지 않았던 경우도 있었기 때문에 일본의 '보호'를 거부했고, 이는 집단적인 반일 감정으로 표

---

24 문옥표 외, 앞의 책, 685쪽.

25 로버타 장 · 웨인 패터슨, 앞의 책, 78쪽.

출되었다.

일본 정부 입장에서 미주지역 한인 남성의 반일 감정을 그대로 내버려두기는 어려웠을 것으로 생각된다. 이러한 정치적 배경하에 일본 정부는 사진신부에 대한 여권 발급을 통해 독신자의 비율을 줄이고 한인 가정 수를 늘려나가고자 했다. 즉 일본 정부는 사진신부의 유입을 통해 한인사회의 안정화를 이루는 한편, 한인 남성의 독립운동 참여를 약화시키고자 했다.

그러나 하와이 사례에서 확인할 수 있듯이 일본 정부는 하와이 일본 총영사를 내세워 한인을 '보호'하고자 했지만, 한인은 이를 '통제'로 인식하여 일본 정부의 원조를 거부했다. 이러한 일련의 사건들에도 불구하고 일본은 사진신부의 여권 발급을 허용했고, 1910년 말 최초의 사진신부 최사라가 하와이로 이주했다. 사진신부의 이주를 정리해보면 가장 우선적으로 노동력이 부족했던 미국의 경제 · 사회적 필요에 의해 이들이 이주하게 된 측면이 있다. 또한 여권 발급과 관련지어 보면 일본 정부의 미국 내 자국민 노동자를 보호하기 위한 노력과 함께 한인에 대한 통제의 일환으로 사진신부가 이주하게 되었다. 당시 사진신부의 이주는 이민 수용국이던 미 정부의 이민정책을 통한 차별적 포섭과 일본 정부가 미국에 거주하는 한인을 '통제'하기 위한 포섭이라는 중첩적 맥락 속에서 이해되어야 한다.

이를 정리해보면, 1905년 일본 정부는 한인 노동자의 미국 이주 제한과 금지라는 노동력 통제를 통해 이들을 배제했다. 동시에 일본 정부는 1910년부터 한인 사진신부에게 여권 발급을 허용하면서 미국 내 한인을 포섭하고자 했다. 이러한 포섭을 전개한 배경에는 일본 정부가 한인사회의 민족주의적 정서를 약화시키기 위한 측면과 일본 정부의 주도 아래 농장 내 한인 노동자 수를 제한함으로써 일본인 노동자를 보호하기 위한 것이었다. 즉, 이 시기 미국 정부와 일본 정부에 의한 한인의 미국 이주의 정책은 포섭과 배제가 중첩되는 양국 정부의 통치전략을 보여준다.

2. 이민법의 변천 과정과 아시아 여성

1) 페이지법과 중국인 성매매

미국 정부는 일본인 사진신부와 한인 사진신부가 미국에 도착하기 전에 중국 여성의 이주를 금지했다. 이는 성매매와 직접적 연관성을 갖는데, 19세기 중엽부터 미 대륙으로 들어오기 시작한 중국 여성들 가운데 성매매에 종사하는 여성들이 많았기 때문이다.

다음의 〈표 1〉은 1860년부터 1880년까지 샌프란시스코 중국인 성매매업소의 숫자와 규모를 분석한 것이다. 조사된 중국인 성매매업소의 규모와 숫자를 확인해보면 1870년대 성매매업소의 규모(업소의 평균적 규모가 9개)가 가장 컸고, 그 숫자(총 159개의 업소) 또한 가장 많았음이 확인된다. 연도별로 수치를 비교해보면 1860년대에는 소규모 성매매업소가 많았고, 1870년대로 넘어가

〈표 1〉 샌프란시스코의 중국인 성매매업소 현황(1860~1880)[26]

(단위: 개소)

규모	1860	1870	1880
1	3	2	13
2	13	2	19
3	9	4	29
4	20	12	14
5	7	18	7
6	13	13	3
7	6	10	6
8	6	20	1
9	8	15	0
10	3	10	2
11	2	15	1
12	1	12	1
13	0	7	0
14	0	2	0
15	0	5	1
16~20	0	10	3
21~25	1	2	0
26~30	1	0	1
31~35	1	0	0
전체 숫자	94	159	101
평균 규모	5.9	9	4.3

26 〈표 2〉를 인용함. Lucie Cheng Hirata, "Free, Indentured, Enslaved: Chinese Prostitutes in Nineteenth-Century America," *Signs*, Vol. 5, No. 1, 1979, p. 18.

면 대규모 성매매업소가 증가했다. 이후 1880년대에는 다시 소규모 업소로 집중되는 경향을 보인다. 즉 19세기 중엽부터 말까지 미 서부 연안 지역의 차이나타운에서 성매매 산업은 성황리에 운영되었고, 그에 따라 중국인 성매매 여성 숫자도 많았을 것으로 추정할 수 있다. 학자마다 견해는 다르지만, 1870년의 경우 샌프란시스코 차이나타운의 중국 여성 수는 2천여 명이었고 그 가운데 성매매 여성은 대략 1,400명 내외였을 것으로 추정한다.[27]

그러나 성매매에 종사하는 중국 여성에 대한 미국 사회의 시각은 중국인 성매매 여성의 문제를 과장하여 정치적으로 이용한 측면이 있다.[28] 특히 백인 지도자들은 위생 문제와 성병 문제를 결합하여 백인 남성의 공포심을 이용했다. 가령 미국의학협회(American Medical Association)는 "중국 이민자는 자체적으로 내성이 있으나 백인에게 노출되면 죽음에 이를 수 있는 병균의 소지자"라고 주장했고, 이러한 백인 남성의 믿음은 중국인 성매매 여성과의 성적결합이 병균의 전염으로 이어질 수 있다는 두려움으로 번졌다.[29] 결국 미국 정치인들과 시민단체의 연합으로 아시아 여

---

27 Lee, 앞의 논문, 2010.

28 Hirata, 앞의 논문, 1979; George Anthony Peffer, "Forbidden Families; Emigration Experiences of Chinese Women under the Page Law," *Journal of American Ethnic History*, Vol. 6, No. 1, 1986; Sucheng Chan, *Entry Denied: Exclusion and the Chinese Community in America 1882-1943*, Temple University Press, 1991; Elthne Luibheid, *Entry Denied: Controlling Sexuality at the Border*, University of Minnesota Press, 2002; Kerry Abrams, "Polygamy, Prostitution, and the Federalization of Immigration Law," *Columbia Law Review*, 105(3), 2005; Lee, 앞의 논문, 2010.

29 Luibheid, 앞의 책, 2002; Lee, 앞의 논문, 2010.

성을 매개로 한 성병에 대한 공포심을 이용하여 1875년 페이지법(Page Act)이 제정되었다.

2) 페이지법과 중국인 차별법 제정

미국 공화당 의원의 이름을 따라 명명된 페이지법은 표면적으로 '동아시아에서 미국으로 온 사람들 가운데 강제노동에 종사하는, 특히 성매매에 종사하는 동아시아 여성 그리고 본국에서 범죄 경력이 있다고 여겨지는 바람직하지 않은 이민자들을 금지' 하고자 제정되었다.[30] 그러나 궁극적인 목적은 '위생적이지 못한 중국인 성매매 여성의 이민' 금지였다.[31] 이러한 페이지법은 당시 서구사회의 아시아인에 대한 인종주의와 성매매에 대한 관념과 관련되어 있었다.

19세기 중 · 후반부터 미국의 개혁가들은 성매매를 근절시

30 "Shall take, of cause to be taken or transported, to or from the United States any subject of China, Japan, or any Oriental country, without their free and voluntary consent, for purpose of holding them to a term of service." (An Act Supplementary to the Acts in Relation to Immigration (Page Act) sect. 141, 18 Stat. 477 (1873-March 1875); Peffer, 앞의 논문, p. 28; Lee, 앞의 논문, p. 248)

31 페이지 의원의 연설, Appendix to the Congressional Record(1875: 40-45); Hirata, 앞의 논문, 1979; Peffe, 앞의 논문, 1986; Chan, 앞의 논문, 1991; Luibheid, 앞의 책, 2002; Abrams, 앞의 논문, 2005; Lee, 앞의 논문, 2010; Abrams, 앞의 논문, 2011.

키는 운동에 적극적으로 참여했다. 특히 백인 여성 중심의 여성 단체에 의한 사회정화운동은 미국에서도 강력한 세력을 형성했다. 미국 내 여성 운동가들은 여성기독교금주운동연합(Women's Christian Temperance Union), 사회정화촉진기독교연맹(Christian League for the Promotion of Society Purity), 어머니회의(Mothers' Congress) 등 여러 단체와 협력하여 성매매를 반대하는 운동 등을 벌이며 성병 같은 의제들을 공론화하는 데 성공했다. 즉, 이들은 성매매를 공공 담론의 장에 불러들인 것이다. 사회정화 여성 운동가들은 정치적 공간들, 곧 공적인 단상들과 의회의 위원회에서 성매매를 반대하는 공개적인 발언을 시작했다.[32] 미국 여성단체들은 적극적으로 정치적 행동을 수행하며 지역별로 두각을 나타냈다. 이후 미국에서 성(sexuality)과 관련된 사회적 논의 또한 지역과 인종에 따라 진행되는 경향을 보였다.

미 서부지역의 경우는 서양여성위원회(Women's Occidental Board)의 활동과 기독교 단체 가운데 장로교 활동이 대표적이다. 특히 19세기 중 · 후반부터 백인 여성 종교지도자들, 가령 캐머런(Donaldina Cameron)[33] 같은 장로교 소속 선교사들은 중국인 성매

32 실라 로보섬(Sheila Rowbotham), 최재인 역, 『아름다운 외출: 페미니즘 그 상상과 실천의 역사』, 삼천리, 2012.

33 캐머런 선교사의 경우, 샌프란시스코의 중국인 성매매 여성들을 위해 헌신한 마거릿 걸버토슨(Margaret Gulbertoson)의 뒤를 이어 미션홈(the Mission Home)을 설립하고 600여 명의 중국인 성매매 여성들을 도와주었다. 그러나 중국인 성매매 여성들을 자신의 소유인 미 서부지역의 농장으로 보내 4~8주 동안 농장 일을 시키기도 했다. 이는 구조된 성매매 여성들이 다시 미션홈을 탈출하는 원인이 되었다. Hirata, 앞의 논문, 1979.

매 여성 문제를 해결하기 위해 노력했고 일정한 성과를 거두기도 했다. 특히 이들 백인 여성의 활동은 '도덕적 우월감'을 토대로 '종교적인 열정'이 함께 작동한 측면이 존재했다.[34]

이와 같이 백인 여성 지도자와 함께 여러 시민단체들이 연합하여 차이나타운 중국인 성매매 여성 문제를 공론화하는 데 성공했고, 이들의 노력은 페이지법으로 귀결되었다. 이후 7년 뒤인 1882년 미국 연방법 최초로 특정 국적의 이주를 금지하는 중국인 차별법(Chinese Exclusion Law)이 제정되면서 중국 여성의 미국으로의 이주 금지는 지속되었다.[35]

3) 노동시장의 갈등과 일본인 이민 제한

중국인 노동자의 유입이 중단되자 백인 고용주들의 불만은 커져갔다. 미국 정치인들은 백인 고용주들을 달래고자 중국인 이외에 아시아인 노동자를 물색하기 시작했다. 이들은 중국인의 빈 일자리를 일본인으로 채우는 정책을 수립했다. 즉, 미국인은 값

34 Hirata, 앞의 논문, 28쪽.

35 1882년도 미국 국회 의사록에 따르면, 미 서부지역 출신의 정치인은 미국 내 중국인 성매매 여성이 4천 명이고 성매매가 중국에서 불법이 아니기 때문에 중국인의 미국으로의 이주를 금지해야 한다고 주장했다(The Congressional Record, 1882: 1903). 즉, 1882년의 중국인 차별법 논의에서도 중국인 성매매 여성이 주요한 논쟁거리였다.

싼 중국인 노동자의 대안으로 일본인 노동자를 선택한 것이다. 당시 미국의 선택에는 고려할 만한 여러 가지 조건이 존재하지만, 무엇보다 당시 미국 정치인들에게 일본이라는 국가는 미국에 동아시아에서의 '질서와 안정'을 제공해주는 제국주의 카르텔 소속의 대상국이었기 때문이다.[36] 일본이 동아시아에서 제공하는 '질서와 안정'은 미국 정치인들에게는 일본에 대한 호감으로 작용했고, 이는 일본인의 미국으로의 이주라는 이민정책에 반영되었을 것이다.[37]

그러나 중국 남성 독신자들을 대신해 미국에서 급격하게 증가한 일본 남성 독신자 문제는 이제 미국 정부에서 해결해야 할 이슈가 되었다. 임시체류자 성격의 중국인 노동자와 달리 일본인 노동자는 미국 사회에 정착하려고 했다. 그러나 당시 미 서부 지역을 포함한 미국의 대부분 주에서는 동아시아인을 '몽골리안(Mongolian)'으로 정의하여 아시아인 남성과 백인 여성과의 성적 결합과 혼인을 불법으로 간주했기 때문에 일본인 남성 독신자들은 혼인하고 미국인으로 정착해 살아가기 위해서는 일본인 여성이 필요했다.

---

36 이삼성, 『동아시아의 전쟁과 평화1』, 한길사, 2009, 460쪽.

37 일본에 우호적인 미국의 이민법은 신사협정에서부터 시작되었다고 볼 수 있다. 중국인 여성은 입국이 금지된 반면, 일본인 여성은 이주가 가능했기 때문이다. 또한 1917년의 이민법(Immigration Law of 1917)에서 모든 아시아 대륙에서의 이민은 중단되었으나 일본은 예외적으로 입국이 허가되었다. 이러한 친일본적인 이민법은 외교적인 측면이 크게 작용했다. Daniels, 앞의 책, 1988; 노선희, 앞의 논문, 2021a.

한편, 이보다 더 심각한 문제는 노동시장 내 반일 감정이 고조되고 있는 것이었다. 러일전쟁 이후 일본 남성들 가운데 많은 수가 미 서부지역으로 유입되어 일본인 노동자들은 백인의 노동시장을 잠식해갔고, 이에 따라 백인의 실업률이 증가했다. 일본인 노동자 가운데 본국에서 농업의 경험을 갖춘 일본인은 미 서부지역의 농업 분야에서 경제적 성공을 거두었는데,[38] 이는 미 서부지역에서 백인 노동자의 반일 감정을 부추겼다. 노동시장 내 이런 갈등은 19세기 말 중국인 배척법을 이끌었던 노동단체와 정치인 주도의 반일운동으로 확장되었다. 결국 1907년 행정명령 589호[39]를 통해 일본인 노동자의 이민이 제한되었다. 이후 1908년 미국과 일본의 외교협상으로 신사협정이 체결되어 인도적인 목적의 가족 입국은 허용되었다. 즉, 일본 남성 독신자의 아내가 될 사진신부의 이주가 가능해졌다.[40]

그러나 미국과 일본 간 1908년 신사협정의 예외적 조항의 숨겨진 목적은 백인과 다른 인종 간 결혼을 제도적으로 막기 위한 것이었다.[41] 백인 남성의 시각에서 보는 신사협정의 인도적 조

---

38 김지원, 앞의 논문, 2010: Lee, 앞의 논문, 2010; Abrams, 앞의 논문, 2011.

39 1907년 3월 루스벨트 대통령이 서명한 행정명령 589호에는 일본인 노동자뿐 아니라 한인 노동자의 입국을 제한한다고 명시되어 있다. "Entrance of Japanese or Korean Laborers, 589. EXECUTIVE ORDER by Theodore Roosevelt, the White House, March 14, 1907."

40 신사협정 이후 일본 여성들은 하와이, 미 대륙 그리고 캐나다로 이주했다. 대륙으로 이주할 경우 샌프란시스코 천사도에 위치한 이민국에서 입국 심사를 받아야 했다.

41 Catherine Lee, 앞의 논문, 2010.

항의 함의는 미국 내 유럽계 백인 여성의 성(sexuality) 보호였고, 이는 사진신부의 성적노동 교환과 유사한 것이었다.

요컨대 아시아인 사진신부의 시작은 미국과 일본 간 협약의 예외적 조항에서 등장한 것이었다. 그러나 그 이면을 들여다보면 미 정부의 인종차별적 이민법과 함께 백인 중심의 담론이 동시에 작동한 측면이 있다. 동아시아의 안정과 평화의 기여자인 일본에 대한 미국 정치인들의 호감과 백인 여성의 성(sexuality)을 보호하기 원한 백인 남성의 인종주의적 시각이 결합하여 사진신부의 이주가 가능해졌다.[42] 사진신부가 미국 사회에 등장하는 일련의 과정은 오늘날의 시각에서 보면 미국 정부의 국가건설(nation-building)과 미국으로의 합법적 이주라는 경합 과정에서 벌어진 일이었다. 일본 여성은 일본 이주민과 결혼을 매개로 한 '사회적 재생산'을 통해 국가건설에 기여할 수 있다고 판단한 것이다.[43]

---

42 당시 미국 정치인들의 일본에 대한 호감을 보여주는 사례가 있다. 캘리포니아 주정부(샌프란시스코 학교위원회)와 미 연방정부 사이에서 발생한 사건으로 일본인 학생의 거취에 대한 문제였다. 캘리포니아에서 발생한 반일 정서로 인해 일본인 학생들이 공립학교에서 쫓겨나는 일이 발생했다. 이에 미 연방정부는 재정지원을 통해 캘리포니아 주정부(샌프란시스코 학교위원회)에 일본인 학생의 수용을 요청했다. 이러한 연방정부와 주정부의 갈등은 결국 일본인과 한인 학생의 차별적 대우로 귀결되었다. 일본인 학생은 다시 백인 학교로 돌아가게 되었고 한인 학생은 차이나타운에 위치한 중국인 학교로 이동하는 것으로 마무리되었다. 이는 당시 미국 사회에서 아시아인 집단 간 위계화 문제를 엿볼 수 있는 사례이기도 하다. 노선희, 앞의 논문, 2021a.

43 미 의회에서 페이지법 제정 당시 미국 내에 거주하는 중국 여성들을 모두 성매매 여성으로 매도해버린 것은 중국 여성의 이주를 금지하여 중국계 미국인 수를 제한하려는 목적이 있었다. 즉, 미 정부는 중국인이 미 서부지역의 '국가건설'에 적합하지 않다고 판단한 것이다. Peffe, 앞의 논문, 1986; Chan, 앞의 책, 1991; Abrams, 앞의 논문, 2005.

3.
미국 사진결혼제도의 형성

서구 학계에서 사진신부는 우편주문신부(mail-order bride)의 한 종류로 이해되고 있다. 그 시작은 식민지 시대, 곧 17세기 초반으로 거슬러 올라간다. 식민지 아메리카의 개척에 앞장섰던 버지니아회사(The Virginia Company)의 광고가 그 시작이었다. 식민지 미국에서는 남성이 다수였고, 백인 여성은 절대적으로 부족했다. 영국인은 미국 인디언 여성과의 혼인도 여러 차례 시도했으나 그 결과는 만족스럽지 못했다. 결국 영국인은 본국에서 '신부'를 데려오기로 결정했고, 버지니아회사가 미국 제임스타운(Jamestown)으로 이주해 정착할 영국 여성들을 구한다는 광고를 싣게 되었다.

당시 광고에 따르면 회사 측은 의류비, 교통비, 토지 등을 제공하고 '여성들이 남성들을 선택해서' 정착하는 것이었다. 물론 이 여성들을 데려오는 데 사용된 비용은 이후 남성들이 회사에 지불하는 방식이었다. 총비용은 당시 120~150파운드에 달하는 담뱃잎 가격이었으며, 실제로 담뱃잎으로 가격을 지불하는 방식이 사용되었다. 광고가 게재된 이후 1620년 15~23세 여성 90여 명이 제임스타운에 들어왔다. 대다수 여성들은 아버지가 없는 여성들이었다고 알려져 있었는데, 그 가운데 과반수는 영국으로 다시 돌아갔다. 훗날 이 여성들은 '담배부인(Tobacco Wives)' 혹은 '제임스타운신부(Jamestown Wives)'로 불렸다.[44] 이 여성들이 오늘날의 우편주문신부의 시초로 여겨지고 있다. 그리고 사진신부는 우편주문신부의 한 종류로, 사진술이 발달했던 19세기에 출현한 여성들을 일컫는 용어로 이해되고 있다.

〈그림 3〉은 1888년 10월 8일 《시카고 데일리 트리뷴지(*The Daily Chicago Tribune*)》에 실린 "서신을 통한 연애(Courtship by Correspondence)"라는 기사다. 신문기사의 내용을 정리해보면 결혼 과정은 다음과 같이 설명할 수 있다. (1) 남성이 신부를 구한다는 개인 광고를 신문에 낸다. (2) 여성이 그 광고에 응답하여 편지한다. (3) 남녀 간 편지 교환이 발생한다. (4) 남성이 먼저 사진을 보낸다. (5) 남성의 사진을 본 후 여성이 사진을 보낸다. (6) 여성의 사진이 마음에 든 남성이 여성에게 청혼한다. (7) 결혼할 의향이 있는 여성이 남성에 대해 조사한다. (8) 남성에 대한 조사 결과가 만족스러운 여성은 부모님에게 결혼 허락을 구한다. (9) 여성의 부모 허락이 떨어진 후 남성은 여성에게 돈, 웨딩드레스, 보석 등을 보낸다. (10) 남성이 보낸 선물들이 마음에 든 여성은 남

44 Zug, 앞의 책, 2016.

COURTSHIP BY CORRESPONDENCE.

Miss Doefer of Pomeroy, O., to Marry a Man Whom She Has Never Met.

POMEROY, O., Oct. 17.—[Special.]—About the first of last July Miss Annie Doefer, the 20-year-old daughter of William Doefer, an industrious farmer of this township, read an advertisement in which Bernhardt Dettermann of Long Prairie, Minn., advertised for a lady correspondent. Miss Annie answered for amusement. The result was that Mr. Dettermann sent on his photograph, and the next mail westward bore her picture to him. Then he proposed matrimony. The girl carefully investigated his case before replying and found that he was a merchant at the county-seat of Todd County, Minnesota, 131 miles northwest of St. Paul. She forthwith sent him word that, as her parents were willing, she would be his forever. He asked her to come to him, which she agreed to do, and Saturday he forwarded a check for $20, a wedding dress, and some jewelry.

She left alone Tuesday morning to meet and marry a man she never saw, and she seemed cheerful and lighthearted, with a lonesome railroad ride of 1,042 miles before her. She expects to meet her intended husband at St. Paul, and they will proceed together to their new home, where, if all is satisfactory, the wedding will take place.

Before taking the train she said that if she did not like Mr. Dettermann and the bleak winds of the Northwest she would come back.

〈그림 3〉 사진결혼을 전하는 1888년의 시카고 데일리 트리뷴 기사[45]

성을 직접 만나러 떠난다. (11) 처음 만난 두 사람이 서로가 마음에 들 경우 결혼은 예정대로 이루어진다. 이처럼 여성이 남성을 선택하는 방식의 사진결혼은 20세기 초반까지 상당 기간 계속되었다.

45 "Courtship by Correspondence: Miss Dofer of Pomeroy, O., to Marry a Man Whom She Has Never Met." *The Chicago Daily Tribune* (Chicago, IL), Oct. 8, 1888.

16 PICTURE BRIDES MARRIED, 195 LEFT

15 More Arrive and Join Those Now in Care of Travelers' Aid Society.

SOON ALL WILL BE WED

Agent in Charge Explains There Is Claimant Here for Every Young Woman.

Of the 200 picture brides who arrived in New York on Wednesday from Armenia, Greece and Turkey, sixteen were married yesterday at the Municipal Building, according to City Clerk Michael J. Cruise. With the number that have already started for the West, there remained about 150 who are being cared for by the Travelers' Aid Society.

〈그림 4〉 유럽인 사진신부의 소식을 알리는 1922년의 뉴욕타임즈 기사[46]

〈그림 4〉는 20세기 전반에 등장한 광고다. 사진의 우측 상단을 보면 "신부를 찾습니다(WIVES WANTED)"라는 문구를 확인할 수 있다. 이는 사진 속의 4명의 남자가 직접 신문에 기고한 광고였다. 광고 내용은 남성들의 프로필 소개와 함께 각자의 신부를 구한다는 것이었다. 20세기에 접어들면서 독신 남성들은 신문광고를 통해 자신의 신부를 찾았다. 17세기 초 버지니아회사를 통해 시작된 사진결혼은 그 형태는 조금씩 달랐지만 19세기와 20세기에도 미국 사회에서 빈번하게 발생했다.

특히 20세기 초반에 발생한 사진결혼은 무엇보다 미 서부지

46 1922년 8월 4일자 기사에 따르면, 아르메니아, 그리스, 터키에서 200여 명의 사진신부가 뉴욕에 도착해 16명이 어제 결혼식을 했고 다른 신부들도 곧 결혼할 것이라고 한다. https://postalmuseum.si.edu/research-articles/go-west-young-woman

역에서의 골드러시 같은 경제적 요인으로 이루어졌다. 전 세계의 독신 남성들이 미국으로 모여들였기 때문이다. 이는 미 동부지역 또한 마찬가지였다. 주로 유럽의 독신 남성들이 일자리를 찾아

〈엄마, 저를 미국으로 보내지 말아주세요〉

엄마, 저를 미국으로 보내지 말아주세요. 저는 죽을 거 같아요.
저는 달러를 원하지 않아요. 제가 어떻게 말해야 하나요?
저는 빵, 양파 그리고 내가 사랑하는 사람을 원해요.
저는 마을에 사랑하는 사람이 있어요.
엄마, 그는 잘생기고 젊은 남자예요.

〈그림 5〉 20세기 초 그리스의 노래 가사[47]

〈엄마, 제게 100리라를 주세요〉

엄마, 엄마, 제게 100리라를 주세요.
제가 가고 싶은 미국에 가기 위해서요.
저는 100리라를 돌려주지 않을 거예요.
그리고 미국으로.

〈그림 6〉 20세기 초 이탈리아의 노래 가사[48]

---

47 20세기 초반 유럽 여성의 미국으로의 이주는 사진결혼을 매개로 발생한 경우가 있었던 것으로 추정된다. 이는 당시 그리스의 대중가요와 이탈리아의 대중가요를 통해 확인할 수 있다. https://www.youtube.com/watch?v=2Vf93GhjExE&feature=youtu.be

48 Zug, 앞의 책, 2016; 노선희, 「일본의 식민주의와 미국의 제국주의의 교차로, 사진

미 동부지역으로 대거 모여들였다. 이는 미국 대부분 지역에서 여성 부족 현상을 일으켰고 이 문제를 해결하기 위해 등장한 것이 바로 사진결혼제도였다. 즉 남성들은 사진과 광고 등을 이용해 결혼할 '신부'를 적극적으로 찾았고, '신부'도 사진을 통해 사진신랑을 찾아 미국으로 이주한 것이다.

앞의 〈그림 5〉와 〈그림 6〉에서 제시한 것처럼, 20세기 초 남부 유럽과 동유럽 지역의 젊은 여성들에게 사진결혼은 사회적 '현상'과 유사한 것으로 보인다. 그리스 대중가요와 이탈리아 대중가요 속의 화자인 여성들은 사진결혼을 주제로 이야기를 전달하고 있다. 이탈리아 대중가요 속의 여성은 사진결혼을 통해 미국으로의 이주를 원하고 있는 반면, 그리스 노래 가사에 나온 여성은 사진결혼을 원하지 않음을 알 수 있다. 이는 그리스의 경우 사진신부의 개인적 의도보다는 가족의 주도로 사진결혼이 이루어진 사례가 많았던 것에서 그 원인을 파악할 수 있다. 전통적으로 모계가 강한 그리스 사회에서는 종교기관을 매개로 하여 어머니의 주도로 사진결혼이 발생했다.[49] 즉, 그리스의 사진결혼은 당시 그리스 내 정치경제적 상황이 복합적으로 교차하여 작용한 결과였던 것으로 보인다.

정리해보면, 남부 유럽과 동유럽 그리고 동아시아 지역에서

결혼(1910-1924)」, 『민족문화연구』 91, 2021b.

49 20세기 초 발생한 그리스인의 사진결혼에 대해서는 아래 자료 참조. http://news.ku.edu/2018/12/21/what-history-greek-american-picture-brides-says-about-us-immigration

20세기 전반에 발생한 사진결혼은 당대 사회문화 현상과 유사한 것이었을 것으로 생각한다. 물론 사진결혼이 각 나라의 상황에 따라 다르게 적용된 측면이 있겠으나, 미국이라는 새로운 세계에 대한 젊은 여성들의 동경이라는 감정이 강하게 작용하여 하나의 세계사적 '현상'처럼 발생한 것으로 추정할 수 있다.[50]

이런 맥락에서 볼 때 미국의 사진결혼제도는 결코 우연히 등장한 것이 아니었다. 17세기 초부터 시작된 '담배부인제도' 혹은 '제임스타운신부제도'는 본국에 거주하는 영국 여성과 식민지에 거주하는 미국 남성을 연결해주는 제도였다. 이 제도가 발전하여 19세기 중 · 후반 사진술이 활성화된 시기에 '사진'을 활용한 '사진결혼'제도로 변형되었다고 볼 수 있다. 이러한 사진결혼은 20세기 초 정치경제적 상황과 맞물리면서 동유럽과 남부유럽 여성들에게 유행하게 되었고 이는 아시아 여성들(특히 동아시아 여성들), 곧 식민지 조선의 여성들에게 적용되었다. 이처럼 미국 사회에서의 사진결혼제도는 꽤 오랜 역사를 지닌 결혼제도로서 20세기 초 세계사적 흐름 속에서 젊은 여성들 사이에서 사회문화적 '현상'처럼 발생했다.

---

50 20세기 초 사진결혼제도가 왜 유럽 여성들, 아시아 여성들 그리고 한인여성들에게 유행했고, 사진신부 집단이 왜 미국으로 이주하게 되었는지에 대한 논의는 노선희b(앞의 논문, 2021)의 논문 참조.

4.
인종, 민족, 젠더가 중첩된 사진결혼제도

한인 사진신부의 미국 사회로의 진입은 미 정부의 차별적 포섭과 함께 미국에 거주하는 한인에 대한 일본의 통제와 관련되어 있다. 앞서 지적한 것처럼 차별적 배제는 사회 내 포섭이 '선(good)'이 아닌, 다양한 수준의 종속, 지배, 차별, 파편화에 어떻게 의존할 수 있는지를 묘사하고 분석하기 위한 개념이다. 20세기 초반 한인이 이주하게 된 배경은 중국 여성의 성매매, 일본 노동자의 대거 유입으로 노동시장 내 갈등 속에서 이들의 이주가 제한, 금지된 데 있다. 그리고 그 대안으로 한인 노동력의 미국 노동시장 내 유입이 이뤄졌고, 이는 저렴하고 파업 같은 집단행동을 하지 않는 '다른 아시아인'에 대한 미국 정부와 자본의 포섭으로만 사고하기 쉽다. 앞서 살펴본 바와 같이, 미국 정부는 자국 내 노동시장의 안정화를 위해 한국인 노동력을 포섭했고 더 나아가 이들을 농장에서 값싸고 온순한 노동력으로 정착시키려고 사진신부의 이주를 허용했다.

한인 사진신부의 이주를 허용했던 이면에는 인종 간 결혼을 금지해 건강한 앵글로색슨 국가를 건설하고자 했던 20세기 초반 미국 정부와 사회의 인종주의적 위계와 차별이라는 필터링이 제도와 법률 형태로 존재했다. 미국으로 온 한인이나 사진신부를 환대하고 포섭하는 것처럼 보였지만, 결국 한인도 미국 사회의 시선에서는 예비 성매매 여성이나 인종적 결합이라는 위험한 사태를 불러일으킬 수 있어 배제해야 할 대상이었다.

그뿐만 아니라 1905년 이후 초기 한인의 미국 이주를 반대했던 일본 정부가 한인 사진신부들에게 여권을 발급해줌으로써 1910년부터 미국으로 이주가 가능해졌던 맥락, 다시 말해 사진신부의 이주를 묵시적으로 허용한 것은 한인 내 민족주의적 정서를 약화시켜 포섭하고자 한 면이 존재했다. 하지만 동시에 농장 내 민족 간 위계질서에서 한인을 밑바닥에 위치시켜 노동시장 내에서 한인을 차별함으로써 일본인 이주노동자들을 보호하려는 포섭과 통제, 관리와 필터링의 '접합'이 내재했다.

이처럼 미국 정부와 자본 그리고 미국 사회 내 포섭과 차별이 접합되며 전개된 한인 사진신부의 미국 사회로의 합류는 정치적 문제뿐만 아니라 미국의 이민정책과 긴밀하게 관련되어 있다. 이는 미국 이민법의 변천 과정에서 확인할 수 있다. 19세기 중엽부터 미 서부지역에서 사회문제로 제기된 중국인 성매매 여성 문제는 동아시아 출신 여성의 이주를 제한하는 페이지법으로 귀결되었다. 미 정부는 1875년의 페이지법을 통해 동아시아 출신 여성의 미국으로의 이주를 제한하는 한편, 1882년 중국인 차별법을 통해 중국 여성의 이주 금지를 지속했다. 그러나 이후 1908년 미국과 일본의 신사협정으로 일본인 사진신부의 이주가 허용되었고, 1917년 변경된 이민법에서도 일본 국적 여성의 이주는 계속되었다. 1924년 이민법을 통해 일본인의 이민이 제한될 때까지 일본인 사진신부와 한인 사진신부는 미국으로 이주할 수 있었다.

요컨대 19세기 중 · 후반부터 여러 차례에 걸쳐 변경된 미국의 이민법은 겉으로는 국내 노동시장 문제를 해결하기 위한 포섭적인 이민정책이라는 모습을 띠고 있지만, 줄곧 아시아인에 대한 차별적이고 위계화된 성격을 지녔다. 더불어 이 시기 미국 이민 정책 또한 아시아 여성에 대한 민족 간 결혼을 금지하는 일관된 기조에서 읽을 수 있듯이 차별적 시각이 내포되어 있었다. 이런 맥락에서 보면 아시아인 사진신부에 대한 미국 제도와 법률은 당시 미국 사회의 국민국가 건설 과정에서 파생된 인종 간 위계, 민족 간 위계, 유럽 출신 인종의 순수성을 강조한 것으로 이후 아시아인 사진신부의 정주 과정에서도 계속될 가능성이 존재했다.

III

한인 사진신부의 미국으로의 이주

1. 한인 사진신부의 이주 배경
2. 한인의 사진결혼 과정
3. 식민지 조선의 공간에서 '상상된' 미국과 사진결혼

1918년 촬영한 것으로 알려진 사진신부 김도라의 가족 사진
(한국이민사박물관 제공)

제III부에서는 먼저 사진신부들이 어떠한 동기로 미국으로 이주하게 되었는지를 살펴볼 것이다. 한인 사진신부들이 사진결혼을 통해 조선을 벗어나 미국으로 가고자 한 가장 큰 동기는 강제적인 혼인관습과 억압적인 결혼문화로부터 자신을 '보호'하고자 하는 열망이 컸다. 이들은 조선 사회의 전통과 관습으로부터 완전히 독립적인 것은 아니었지만, 이를 일방적으로 수용하지 않고 사진결혼을 통해 미국으로 이주함으로써 더 나은 삶을 선택했다.

한인 사진신부들이 미국으로 가는 루트는 일본 정부로부터 여권을 발급받는 경우와 그렇지 못한 경우로 나누어졌다. 이 장에서는 총독부 또는 외무성으로부터 도항면허장(渡航免許狀)이 발급되어 미국으로 이주한 사례와 면허장을 발급받지 못해 밀항을 통해 중국을 거쳐 미국으로 이주한 사례들을 각각 비교해보고 당시 난민의 지위로 미국으로 입국하게 된 한인의 역사를 조망해보고자 한다.

좀 더 세부적으로 첫 번째, 한인 사진신부의 결혼 과정을 추적할 것이다. 당시 '인물거간군'으로 불렸던 이들이 사진결혼에서 어떠한 역할을 수행했는지에 초점을 맞추어 분석할 것이다. 두 번째로, 사진결혼을 연결해준 사진이 조선의 대중에게 어떻게 인식되고 있었는지를 살펴보고자 한다. 이와 함께 사진결혼에 대한 식민지 조선과 하와이 한인사회의 상반된 시각과 조선 사회와 미주 한인사회에서 사진결혼에 대한 인식을 비교 분석할 것이다. 마지막으로 사진신부 집단이 왜 미국으로 이주하게 되었는지를 해석하기 위해 식민지 조선인의 '상상된' 미국이 한인 사진신부의 사진결혼과 어떠한 관계를 맺고 있었는지를 밝혀보고자 한다.

여기서 한 가지 주목할 부분은 미국에 도착해 이민 수속 등의 과정에서 사진신부는 한인 남성, 곧 사진신랑에 의존할 수밖에 없었다는 점이다. 조선에서 이들의 보호자가 아버지로 상징되는 가부장이었다면, 미국으로 이주한 뒤 남편과 한인사회가 이들을 미국 내 인종차별로부터 보호해줄 새로운 보호자였기 때문이다.

1. 한인 사진신부의 이주 배경

사진신부의 이주 배경을 살피기 위해 국제이주에 대해 논의해보면, 20세기 초반에도 이주는 전 세계적으로 발생해왔다.[1] 그러나 19세기 중 · 후반부터 20세기 전반까지 발생한 한인의 이주는 (1) 인구의 변동 (2) 천재지변 (3) 정치적 요인에 크게 영향을 받았다.[2]

먼저 한인의 이주에 대해 논의하기 위해 식민시기 조선과 해외에 거주하는 한인의 숫자를 살펴보고자 한다. 〈그림 7〉은 식

1 영국의 사회학자 라벤스타인(E. G. Ravenstein)이 주장한 이주의 법칙(Laws of Migration)에 따르면 이주의 대표적 요인으로 천재지변, 정치적 사건 그리고 인구 증가가 있다. 그러나 21세기 이주의 원인으로는 크게 경제적 요인, 인구학적 요인, 환경적 요인, 국가행정적 요인, 분쟁 그리고 다국적 네트워크가 논의된다. http://iom.or.kr/index.php/%EA%B5%AD%EC%A0%9C%EC%9D%B4%EC%A3%BC%EB%9E%80/ 참조.

2 스티븐 카슬 · 마크 J. 밀러, 한국이민학회 역, 『이주의 시대』, 일조각, 2013.

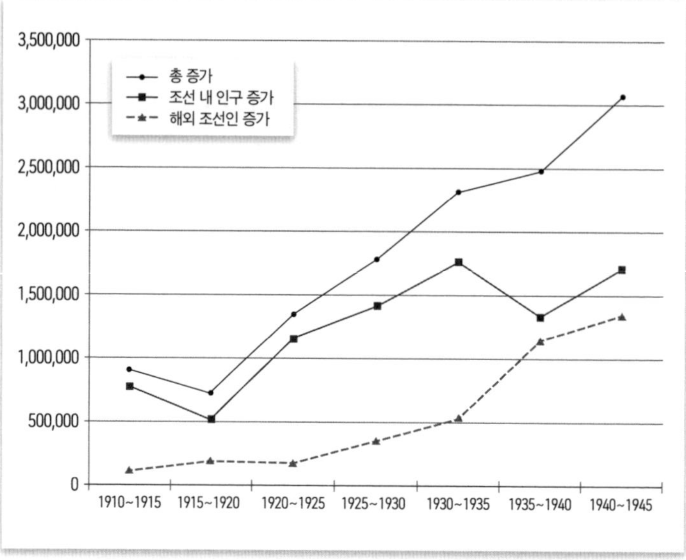

〈그림 7〉 식민시기 한인의 인구 증가와 해외 한인의 인구 증가[3]

민시기 조선에 거주하는 한인과 해외에 거주하는 한인의 인구 분포와 함께 인구 증가를 나타낸 것이다. 1910년에서 1915년 사이 조선에 거주하는 한인 수는 903,845명이었고, 해외에 거주하는 것으로 조사된 한인 수는 117,625명으로 13%였다. 인구학적으로 보면 식민시기 한반도에서 해외로 유출된 인구가 적지 않았다.

다음으로 이 시기 인구이동에서 천재지변은 가장 강력한 변인으로 평가된다. 이는 조선의 상황도 마찬가지였는데, 19세기

3 〈그림 3〉을 인용함. 박경숙, 「식민지 시기 조선의 인구 동태와 구조」, 『한국인구학』 32(2), 2009, 53쪽.

중·후반 한반도 북부지역에서의 가뭄과 20세기 전반 남부지역의 홍수 같은 자연재해로 인해 해외로 이주한 사례들이 많았기 때문이다.

마지막으로 1910년 식민화 이후 주권 상실 및 경제적 조건 악화 때문에 한인은 자유를 향한 갈망과 함께 해외로 이주했다. 아래의 〈표 2〉는 미주지역으로 이주한 한인의 분포도다. 표에서 드러나듯이 미주지역은 크게 세 집단, 즉 (1) 노동이주 (2) 사진신부 (3) 유학생 및 독립운동가로 이뤄졌다. 먼저 이들은 1903년부터 1905년까지 노동이주한 한인으로 주로 남성 노동자와 가족 단위였다. 다음으로 1910년부터 1924년까지 이주한 사진신부들은 대부분 10대 중·후반에서 20대 초반의 여성들이었다. 마지막으로 1924년 이민법으로 아시아인의 이주가 전면 중단될 때까지 미국으로 이주한 유학생 혹은 독립운동가들이었다. 이들은 엘리트 집단으로서 한인사회의 지도층을 형성했다. 이러한 이주 추이로 미뤄볼 때 1903년 처음 시작된 집단이주는 1924년의 이민

〈표 2〉 1903~1924년 사이 미국으로 이주한 한인[4]

(단위: 명)

연도	이민자 수	이민자 특성
1903~1905	7,226	하와이 사탕수수 농장 노동자
1910~1924	1,115	사진신부
	541	독립운동가와 유학생

4 윤인진, 앞의 책, 203쪽.

법으로 중단되었기 때문에 제2차 세계대전이 종료될 때까지 미주지역으로 이주한 한인 집단은 거의 없었다. 따라서 1924년까지 미주 한인사회는 '이주 시기'에 따라 집단의 성격이 구별되고 한인사회에서의 역할이 고정화되는 경향이 있다.[5]

다음 절에서 살펴보겠지만, 한인 사진신부들은 사진결혼을 통해 미국으로 이주했다. 그러나 사진결혼은 당시 조선 사회에서 부정적으로 인식되고 있었고, 사진신부들은 가족의 반대에 부딪히는 경우가 많았다. 대부분 어린 소녀들이던 한인 사진신부들이 사진결혼을 선택한 데는 당시 조선의 혼인관습과 결혼생활에 영향을 받았을 것으로 생각한다. 20세기 초반 조선 사회의 어린 소녀들은 자신의 의지보다 부모의 선택에 의해 강제 혼인하는 사례가 많았고, 결혼 후에는 가족을 떠나 시부모 밑에서 억압적인 시집살이를 하는 것이 일반적이었다. 한인 사진신부들이 사진결혼을 통해 조선을 벗어나 미국으로 가고자 한 가장 큰 동기는 이러한 강제적인 사회문화적 관습으로부터 자신을 '보호'하기 위함이었다. 여성을 둘러싼 봉건적이고 가부장적 질서가 지배적인 조선과 가난에 허덕이는 가족과 고향을 떠나 미국이라는 새로운 세계에서 영어 공부 등 교육을 받으려는 열망이 사진결혼을 선택했던 동기 가운데 하나였다.

그러나 앞서 말한 조선 사회의 강제적인 결혼 관습으로부터 벗어나고자 사진결혼을 선택한 한인 사진신부들과 달리 부모의

---

5 미주 한인사회의 집단별 역할에 대해서는 제IV부에서 한인 사진신부들의 경험을 토대로 후술할 것이다.

선택으로 사진결혼이 성사된 사진신부들도 있었다. 이들은 부모의 선택과 후원을 통해 미국으로 이주할 수 있었다. 즉 사진결혼을 선택한 여성들 가운데 전통적 혼인관습을 거부하고 미국으로 이주한 이들도 있는 반면, 전통적 혼인관습을 수용해 미국으로 이주한 여성들도 존재했다.

지금부터는 통계자료와 한인 사진신부의 구술자료를 통해 이들이 왜 사진결혼을 선택했는지를 살펴보고자 한다.[6] 먼저, 결혼을 통한 미국 이주라는 선택에는 무엇보다 경제적 요인이 영향을 주었다. 1916년에 도미한 사진신부 김명숙은 미국으로 이주한 이유를 다음과 같이 설명한다.

> "저는 사진신부로 미국에 왔어요. 도시가 아닌 시골에서 살았기 때문에 남편과 함께 농장 일을 하며 아이들을 키우느라 힘들게 살았어요. 저는 미국은 '황금으로 된 나라'라고 들었고, 저 또한 잘살 수 있을 거라고 생각했어요. 저는 일곱 명의 아이들을 키웠어요. 여덟 번째 아이를 낳을 때 남편이 죽었어요. 내가 어떻게 학교에 갈 생각을 할 수가 있겠어요? 그 끔찍한 대공황 시기에도 저는 아이들을 혼자 다 키워야만 했어요."[7]

---

6 구술에 따르면 사진신부의 이주요인은 다양하다. 가장 대표적으로 교육의 욕구가 작용했고, 가난이라는 경제적 문제, 봉건적 사회에 대한 불만, 미국이라는 나라에 대한 동경 그리고 독립운동에 대한 열망도 있었다. Shinn Sunoo, 앞의 책, 2002.

7 사진신부 김명숙의 구술내용 발췌함. Shinn Sunoo, 앞의 책, 2002, pp. 292-293.

위의 진술처럼 당시 조선에 거주하던 한인에게 미국은 '황금으로 된 나라'로 알려져 있었다. 조선에서는 가난에서 벗어나기 어려웠던 여성들에게 사진결혼을 통한 미국으로의 이주는 경제적 상황을 호전시킬 수 있는 방편이었다.

다음으로, 한인 사진신부의 선택에는 사회문화적 요인이 작동했다. 특히 혼인관습과 결혼문화는 이들이 미국으로 이주하는 데 큰 영향을 주었다. 이는 당시 한인 미혼여성 사이에 유행한 문화에서 확인할 수 있다. 관습적으로 조선에서 대부분 미혼여성들은 부모가 정해준 남성과 혼인했다. 그러나 20세기 초 조선 사회에서는 젊은 세대들에게 연애와 결혼에 대한 새로운 흐름이 등장했고, 이는 세대 간 갈등으로 나타나기도 했다. 강제적으로 이뤄졌던 혼인에 대한 부모 세대의 전통이나 관습과 달리 당시 조선의 젊은 세대들 사이에서는 '자유연애'와 '자유결혼'에 대한 담론이 확산되기 시작했고, 1910년대 중 · 후반부터 1920년대 중반까지 미혼여성들 사이에서 본격적으로 유행했다.[8] 이러한 자유연애와 자유결혼에 대한 젊은 세대의 관심은 대부분 10대 중 · 후반이던 사진신부의 의식에도 자연스럽게 스며들었을 것으로 생각한다. 이처럼 강제결혼에 대한 반발을 중심으로 했던 젊은 세대에서 시작된 사회문화적 변화는 한인 사진신부들이 사진결혼을 선택하는 데 적지 않은 영향을 미쳤을 것이다.

---

8 권보드래, 『1910년대, 풍문의 시대를 읽다』, 동국대학교 출판부, 2008, 193쪽.

〈표 3〉 사진신부의 교육 경험[9]

(단위: 명, %)

기간(년)	인원	비율
무학	14	29
1~3	22	45
4~6	8	16
7~9	4	8
10~12	1	2
합계	49	100

마지막으로, 사진결혼을 선택한 요인 중 하나는 교육에 대한 욕구였다. 위의 〈표 3〉은 한인 사진신부들이 조선에서 경험한 교육을 나타낸 것이다. 이 연구에 따르면 무학이 거의 30%에 육박했으며, 짧은 시간이라도 교육을 경험한 신부들은 71% 정도였다.[10] 이 시기 식민지 조선 여성의 문맹률이 80% 정도였음을 고려해보면 한인 사진신부의 교육 경험은 당시 조선 여성의 평균보다 다소 높았을 것으로 추정할 수 있다.[11]

위의 사진신부의 교육 경험 외에 사진결혼의 동기에 대한 통계자료를 살펴보면 미국에서 교육을 받고자 이주한 사례는 전체

---

9 웨인 패터슨(Wayne Patterson), 정대화 역, 『하와이 한인 이민 1세: 그들 삶의 애환과 승리』, 들녘, 2003, 144쪽 내용을 표로 편집함.

10 패터슨, 위의 책, 2003, 144쪽.

11 노영택, 「일제 강점기의 문맹률 추이」, 『국사관 논총』 51, 1994.

조사 인원 가운데 절반에 해당한다.[12] 즉, 한인 사진신부 가운데 미국에서 교육을 경험하고자 사진결혼을 선택한 이들이 많았다.

이러한 한인 사진신부들의 교육에 대한 욕구는 식민지 조선의 교육 정책에서 양성 간 불평등이 존재했기 때문이다. 특히 한반도에서는 남성 우위적인 젠더 규범이 사회적으로 제도화되었고, 개인적으로도 내면화되었다. 식민시기 교육을 연구한 김부자에 따르면 이러한 젠더 규범이 한반도에 거주하는 조선인의 교육 행동에도 영향을 주었고, 여성이 교육기관에 다니는 것을 허용하지 않는 젠더 규범이 보편적이었다.[13] 즉, 구한말부터 사립 여학교가 생겨났다 하더라도 일반 여성들은 '학교'라는 교육기관에 진입하는 것 자체가 어려운 일이었다. 이러한 교육 기회를 둘러싼 불평등이 심화된 상황에서 한인 사진신부들은 사진결혼을 매개로 미국에서 교육을 받고자 했다.

한인 사진신부의 미국교육에 대한 열망은 사진결혼이 이루어지기 이전에 발생한 노동이주와 관련되어 있다. 대한제국은 1902년 11월 16일 하와이로 이민을 보내기 위한 임시기구로 수

---

12 사진신부의 구술자료를 분석해보면 47%(9명)는 영어를 포함한 미국의 교육을 경험하고자 사진결혼을 감행했다고 말했다. 그러나 그 가운데 실제로 미국에서 교육을 경험한 사례는 21%(4명)였다(Shinn Sunoo, 앞의 책, 2002). 김지원의 연구에서도 교육을 목적으로 사진결혼을 선택한 신부들이 대략 60%로 분석되었다. Kim, "Korean Pioneer Women: Picture Brides and the Formation of Upwardly Mobile Korean Families in California," 1910s-1930s, *Korea Journal*, Vol. 60, No. 1, 2020, p. 212.

13 김부자, 조경희 · 김우자 역, 『학교 밖의 조선여성들』, 일조각, 2009, 38쪽.

민원(遊民院)[14]을 창설하고 이민의 내용을 전국에 고시했다.[15] 이민과 관련된 고시의 내용을 간략히 소개해보면, "기후는 온화하야 심한 더위와 추위가 없고 모든 섬에 학교가 다 있어 영문을 가르치며 학비를 받지 아니하며 일하는 시간은 매일 십 시간 동안이요, 일요일에는 휴식"한다고 소개되었다. 이는 하와이로 노동이주를 떠날 계약노동자를 모집하는 광고였다. 조사된 바에 따르면 당시 하와이로 이주한 한인 가운데 기독교인들이 있었는데, 이들은 대부분 감리교회 가운데 평양교회와 인천교회 출신들이 많았다.[16]

그러나 노동이주한 모든 한인이 교회와 관련된 것은 아니었다. 그중 '이민 고시'를 보고 지원한 사례들도 있었는데, 사진신부 윤연도의 신랑인 윤영호의 경우 평양의 한 칠성각에 붙은 '이민 고시'를 보고 노동이주를 지원해 하와이로 왔다.[17] 당시 조선에 거주하는 한인 일반에게 이민 고시는 서구국가로의 이주를 실행 가능하게 했다. 1905년 일본에 의해 노동이주가 중단된 이후에도 조선에서 이민 고시의 여파는 계속되었다.

---

14 이를 '유민원'으로 읽기도 하지만, 이 책에서는 '수민원'으로 사용하고자 한다.

15 김도형, 앞의 논문, 296쪽.

16 하와이 한인교회의 명단을 보면 교인 수는 300여 명인 것으로 나타난다. 이덕희, 앞의 논문, 2003.

17 Shinn Sunoo, 앞의 책, 2002, p. 92.

18 1903년(고종 40) 8월 6일 각처에 붙인 하와이 이민자를 모집하는 광고인 '고시'의 사진이다. 이 고시에 따르면 월급은 미국 금전으로 매삭(每朔, 10일)에 15원, 곧 일본 금화로는 30원, 대한 돈으로 57원가량이었다. 행정자치부 국가기록원, 『기록으로 보는 재외한인의 역사: 이주와 정착 그리고 발전의 시간들-아메리카』, 국가기록원, 2016, 42쪽.

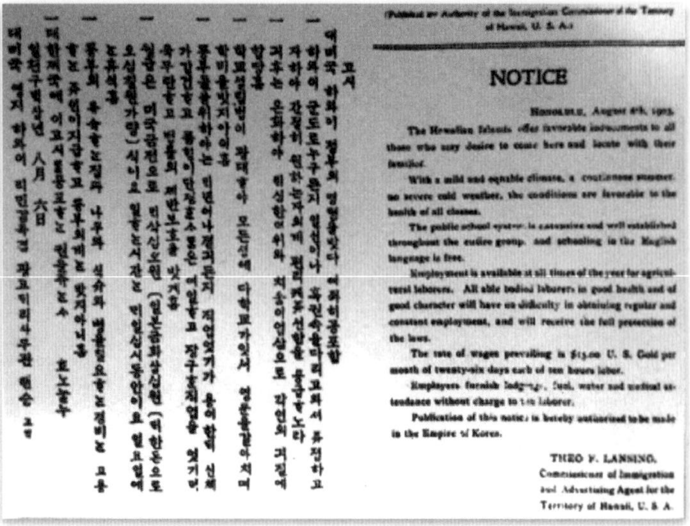

〈그림 8〉 1903년의 고시(告示)[18]

위의 〈그림 8〉에 제시된 고시의 세 번째 항목을 보면, "학교 설립법이 관대하여 모든 섬에 다 학교가 있어 영문을 가르치며 학비를 받지 아니한다"고 명시되어 있다. 즉, 미국에서는 누구나 무료로 학교에 입학하고 영어도 배울 수 있다는 것이다. 이는 조선에서 교육을 경험하기 힘들었던 여성들이 자원해서 사진신부가 되어 미국으로 이주하는 데 영향을 주었을 것으로 추정할 수 있다. 실제로 당시 '인물거간군'으로 불린 사진결혼의 중개인들은 사진신부가 되면 미국에 가서 영어 공부도 하고 학교도 무료로 다닐 수 있다는 이야기로 어린 여성들을 유인했다. 이러한 중개인에 대한 기사는 당시 신문에서 찾아볼 수 있다. 그중 1921년 《조선일보》 기사에서는 정기원이라는 인물거간군이 등장한다.

"(중략) 인물거간(人物居間)군이라고 양양 등 들판을 떠도는 대 사람이 사람을 못 쓰게 반도는 일도 가통하거니와 이팔 청춘 여자의 몸으로 사오십세 늙은 영감장이들의 배자되기는 가슴 아픈 일이다. 서양 바람을 이십 여 년 간을 쏘인 자가 이팔의 청년아회의 결혼사건으로 만리나 되는 먼 곳을 왔을 리도 없겠고 또한 교육의 열정이 있어 왔다하더라도 하필 젊은 여자만 데려가는 것은 아마도 의문 중에 의문이다."(현대어 표기 — 인용자)[19]

위의 기사는 정기원이라는 중개인의 신분과 그의 목적에 대해 의문을 표하고 있다. 미국에 있다가 고향으로 돌아온 자가 어린 여성들을 유인해서 미국에 거주하는 사십 세 혹은 오십 세 되는 남성과 결혼을 중매하는 목적이 의문시된다는 내용이다. 이와 같은 기사가 등장한 이유는 당시 조선에서 미국에 대한 사정을 잘 알지 못하는 사람들에게 이민 고시의 내용을 이용해 어린 소녀들을 유인하여 사진결혼을 성사시키는 사례가 실제로 존재했기 때문이다. 그리고 어린 신부들에게 가장 효과적인 유인책은 바로 교육 기회 제공이었다. 신성려가 정리한 사진신부 구술자료를 분석해보면 조사대상자 가운데 절반 정도의 한인 사진신부들은 미국에서 교육을 받고자 사진신부가 되었다고 진술했다.[20]

---

19 "사진결혼 수단이 유한 인물거간군을 방함", 《조선일보》, 1921년 8월 5일자.

20 신성려가 인터뷰한 사진신부의 구술자료에 따르면 50%(9명)는 영어를 포함한 미국의 교육을 경험하고자 사진결혼을 감행했다고 말했다. 그러나 그 가운데

사진결혼의 주된 동기가 미국에서의 교육이었다면 적지 않은 여성들이 미국에 대한 동경의 감정을 품고 있지 않았을까? 그렇다면 식민지 조선에서 미국의 위상은 어느 정도였을까?

광고는 당대의 경제구조[21]와 사회문화를 반영하기 때문에 근대광고를 살펴보면 그 시대의 집합적인 욕망을 포착할 수 있다.[22] 1905년 12월 28일자 《대한매일신보(大韓每日申報)》에 게재된 담배 광고를 보면, 상품은 국산인데 상품의 표면은 영어단어로 표기되어 있다. 가령 '거미표(Spider)', '태극표(Key)', '원시경표(Telescope)'로 나타나면서 '미국 버지니아 생산'이라고 영어로 설명했다. 이 시기 담배 광고들은 영어 브랜드 이름이 다수인데, 이는 이국적인 느낌을 주는 효과가 있었다. 소위 '양품(洋品)'이라는 것이 유행하던 시기였기 때문이다.[23]

1906년 11월 5일자 《만세보(萬歲報)》에 실린 위스키 광고에서는 서양에서 출발하여 세계 각국에 전파된 위스키 상품을 "모두 알고 있다(皆知)"라고 강조할 정도로 이러한 조선에서의 양품의 바람은 "미국 상상품(上上品)"이라는 광고로 등장한다.[24] 《동아

실제로 미국에서 교육을 경험한 사례는 22%(4명)에 그치는 수준이었다. Shinn Sunoo, 앞의 책, 2002.

21 서범석 외, 「근대인쇄광고를 통해 본 근대적 주체형성에 관한 연구: 개화기~1930년대까지 몸을 구성하는 상품광고를 중심으로」, 『광고학연구』 15(1), 2004.

22 우선 문화적으로 보면 '한국의 근대광고를 통해 식민지 조선인의 욕망이 중개자, 곧 광고물을 통해 매개되는 과정'을 확인할 수 있다. 김병희 · 신입섭, 「미시사적 관점에서 본 근대광고의 근대성 메시지 분석」, 『광고학연구』 18(3), 2007.

23 김병희, 『광고로 보는 근대문화사』, 살림, 2014, 14쪽.

24 김병희, 위의 책, 2014, 16쪽.

일보(東亞日報)》 1924년 2월 15일자 광고를 보면 미국 의학박사 어을빈은 보재약, 만병수, 그계랍 위에 '미국 상상품'이라는 표현을 사용했다. 그냥 양품이 아닌 미국 제품으로 상품도 아닌 상상품, 오늘날 언어로 해석하면 'VVIP'를 표현했다고 볼 수 있다.[25]

이와 같이 담배, 위스키 그리고 의학과 관련한 미국의 상품들은 조선의 대중에게 고가의 제품으로 어필되었다. 이로 보건대 조선 대중에게 미국이라는 나라는 조선에 비해 문명화된 국가라는 이미지를 가지고 있었을 것이다. 이렇게 조선에서 소비되던 미국에 대한 이미지는 20세기 전반 광고라는 대중문화를 통해 가늠할 수도 있지만, 당시 엘리트들의 글을 통해서도 확인할 수

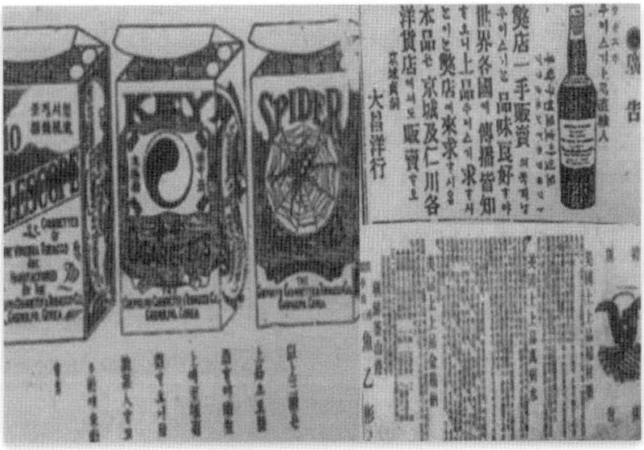

〈그림 9〉 근대의 광고[26]

25 김병희, 위의 책, 2014, 89-90쪽.

26 김병희, 『광고로 보는 근대문화사』, 살림, 2014, 13쪽, 16쪽, 89쪽; 노선희b, 앞의 논문, 343쪽.

있다.

"미국의 민주주의에는 여러 가지 결함이 있음에도 불구하고 결국 세계에서 가장 훌륭한 제도라는 것을 부정하지 못할 것이다. 그렇기 때문에 고차원적으로 볼 때 여타 종교들의 우수성을 인정한다 하더라도 결국 미국 민주주의의 기초가 되는 기독교가 가장 우수한 것이다."[27]

"정말 훌륭한 나라로구나. 어떤 옷을 입어야 할지에 대해서 귀찮게 하지 않는 곳이구나."[28]

첫 번째 인용문은 윤치호가 개인 신분으로 미국 유학을 마친 직후에 쓴 글이며, 두 번째 인용문은 그가 정부 관리로서 공식적으로 하와이를 방문했을 때 기록한 일기의 일부분이다. 첫 인용문은 윤치호가 미국을 떠날 시점에 작성한 것으로, 유학 시절 그는 심한 인종차별을 여러 번 겪었음에도 미국의 민주주의와 기독교 제도에 대해 여전히 우호적인 시각을 보여주고 있다. 두 번째 인용문은 그가 유학 생활 후 정부 관리로 임명되어 하와이를 방문했을 때 작성한 것으로 백인사회의 실용적인 태도에 대해 호감을 보이고 있다.

---

27 국사편찬위원회 편집부, 「1893년 9월 24일」, 『윤치호 일기 3』, 탐구당, 1971.

28 국사편찬위원회 편집부, 「1905년 9월 8일」, 『윤치호 일기 6』, 탐구당, 1971.

그러나 조선 엘리트의 미국에 대한 관심은 공식적으로는 1883년의 보빙사(報聘使) 파견에서부터 드러났다고 볼 수 있다.[29] 당시 조선에 파견된 외교관들은 일본과 중국이라는 창구를 거치지 않고 미국에 직접 파견되는 조선의 사절단인 보빙사를 '급진적인 움직임'이라고 평가했다.[30] 미국으로 파견된 조선의 엘리트들은 미국의 관세, 우편제도, 공교육제도 등 신문물을 배우고자 했고 이후 대한제국은 '미국형' 근대화 정책을 추진했다.[31] 이와 같이 보빙사 파견과 『윤치호 일기』 등으로 미루어볼 때 조선 대중 못지않게 엘리트 남성들도 미국이라는 나라와 그들의 문화를 동경했으며 미국에 대한 동경의 감정은 조선 엘리트 남성들 사이에서 먼저 시작되었다고 볼 수 있다. 조선에서 미국에 대한 관심과 동경은 엘리트에서 시작하여 대중으로 옮겨지면서 그 위상이 점차 강화된 것으로 해석할 수 있다.

이 장의 3절에서 후술하겠지만, 이러한 사회적 분위기 속에서 사진신부들 또한 사진결혼이라는 제도를 통해 '아메리칸드림'에 합류했을 것이다. 그렇다면 교육 등의 이유로 미국으로 이주하고자 했던 사진신부는 어떤 과정을 경험했을까?

---

29 보빙사 파견의 배경에 대해서는 여러 논의가 있다. 외교사절단의 미국 파견이라는 사실로 미루어볼 때 당시 조선 엘리트의 미국에 대한 관심이 지대했음을 알 수 있다.

30 손정숙, 「한국최초 미국 외교사절 보빙사의 견문과 그 영향」, 『한국사상사학』 29, 2007, 254쪽.

31 손정숙, 위의 논문, 277쪽.

2.
한인의 사진결혼 과정

1) 결혼중개자로서 '인물거간군'

사진결혼 과정을 분석해보면 크게 두 가지 루트가 있다. 먼저, 노동이민을 떠난 남성의 지인들, 가령 동향에 거주하는 가족이나 출신 교회의 목회자 같은 인적 네트워크를 통해 이루어졌다.

> "마산(馬山) 마동면(馬東面) 김남리(金南里) 18세 된 계집은 그 동리 일경에는 아름다운 계집으로 칭호가 있던 터이라 작년 겨울에 미령(米領, 미국) 포아[32](布哇, 하와이)에 있는 이모 38세 된 자로부터 사진결혼의 소개가 있어 피차 신분을 조사한 결과 나이도 틀리지 않은 일을 알고 다만 사진의 얼

---

32 《매일신보》 원문에는 '포아'로 표기되어 있으나 한자의 원음은 '포와'다. 당시 조선의 언론에서 하와이를 표기할 때 '포아' 혹은 '포와'를 혼용한 것으로 보인다.

굴만 보고 허락이 되어 그 사나이가 여비 이백 원을 보낸고로 김성녀는 내지 외무성에 도항면허장을 얻어가지고 지난 2월 25일 구마산을 출발했는대 구마산 순사파출소의 조사한 바를 듣건대 사진만 보고 결혼이 되어 포와에 건너간 자가 대정(大正) 2년에는 8명이오, 동 삼년에는 6명이오, 본년에 들어서는 전기 김성녀를 합하여 3명인즉 통계가 17명의 다수에 달한다는대 이런 사진결혼하는 중매는 모두 기독교의 목사가 많이 취급을 하며 소개하는 여인은 기독교 신자라는대 처음에 데려갈 때는 행복있는 혼인으로 말을 하여 간 후는 계집을 교환 또는 넘기는 풍습이 있다한즉 사진결혼에는 깊이 주의하지 않으면 안 될 일이라더라."(현대어 표기 — 인용자)[33]

위의 《매일신보》 기사는 최근 3년간 마산에 거주하는 여성들 가운데 17명이 사진결혼을 하여 미령 포아(미국 하와이)로 떠났다는 내용이다. 이들은 이모 같은 가족이나 목사를 통해 소개받아 내지 외무성에 도항면허장을 얻어 미국으로 건너갔다고 전하고 있다. 이 기사는 사진결혼이 시작된 1910년 이후 대략 5년 후의 기사다. 적어도 사진결혼의 초기에는 신부들 가운데 대부분이 가족, 지인 혹은 목사의 소개로 혼인이 이루어졌고 그 가운데 기독교 신자도 많았음을 알 수 있다.

---

33 "태평양을 격하여 사진으로 결혼, 미국에 있는 신랑 조선에 있는 신부", 《매일신보》, 1915년 3월 6일자.

그러나 적지 않은 수의 사진신부들은 '인물거간군'이라고 불린 중개인을 통해 사진결혼이 이루어졌다. 다음은 경상도 함안 지역에서 활동한 '진주할머니'라는 인물거간군과 사진신부 이영옥과의 대화다.[34]

인물거간군: 넌 이름이 뭐고 몇 살이니?

이영옥: 제 이름은 이영옥이고 열다섯 살이에요.

인물거간군: 영옥아, 미국에 가고 싶니?

이영옥: 진주할머니세요?[35]

인물거간군: 그래.

이영옥: 할머니, 아무도 안 보이는 곳에 가서 얘기해요. 저는 열다섯 살인데 혼인할 수 있나요?

인물거간군: 왜 안 되겠니? 열다섯 살이라지만 너는 열여덟 살처럼 보이는구나. 키도 크고 나이보다 성숙해 보여. 게다가 예쁘구나. 널 데려가는 남자는 운이 좋은 사람일 거다.

(중략)

인물거간군: 너희들 함안학교의 구 선생님을 알지? 그분의 여동생이 얼마 전 하와이로 가서 한인 남성

---

34 Yoon, *The Passage of a Picture Bride*, PacificRim, 1994, pp. 19-21.

35 당시 함안을 포함한 인근 지역에서는 고급스러운 옷을 잘 차려입은 '진주할머니'라고 불리는 사람이 마을을 돌아다니며 젊은 여성들에게 사진결혼을 소개한다고 알려져 있었다.

과 결혼했단다. 최근에 그 가족들은 현금과 비싼 옷을 선물 받았지. 내가 너희라면 하와이로 갈 거다. 거기에서는 끼니와 땔감 걱정이 없단다. 여기서 혼인하면 죽을 때까지 남편과 시부모의 종이 되는 거잖아. 하와이에서는 아무도 너희를 귀찮게 하지 않을 거다.

이영옥: 우리가 미국인과 혼인하는 건가요?

인물거간군: 아니, 너희들은 한인 남성과 혼인할 거야.

이영옥: 우리가 어떻게 하와이에 있는 남자를 찾아요?

인물거간군: 걱정하지 마라. 내가 다 준비해줄게. 그게 내 일이다. 너희가 해야 할 일은 사진만 찍으면 된다. 혼인은 사진으로 성사되는 거란다.

이영옥: 우리는 사진 찍을 돈이 없어요.

인물거간군: 내가 다 준비해준다니깐. 너희가 사진 찍을 준비가 되면 일본인 사진사를 데려오도록 하마.

이와 같이 중개인들은 조선 각지에서 인물거간군으로 활동하며 어린 여성들에게 사진결혼을 권유했다. 앞서 소개한 인물거간군 정기원에 대한 기사처럼 조선의 언론은 인물거간군을 부정적인 시각으로 묘사했다. 그러나 위의 대화에서 드러나듯이 중개인은 어린 소녀들이 품은 미국이라는 나라에 대한 동경심과 봉건적 결혼생활에 대한 반발 심리를 활용했다. 또한 가족들에게 경제적 원조를 줄 수 있다는 희망도 제시했다. 예컨대 사진결혼을 하면 미국에 갈 수 있고 시부모가 없으므로 시집살이를 할 필요가 없고 친정식구에게 돈과 옷을 보내줄 수 있다고 소개했는데, 이들의 전략은 성공적이었다.

그러나 혼인이 성사되기까지 시간이 소요되었고, 혼담이 오가는 과정 중에 혼인이 깨지는 등 예상하지 못한 위험요소들이 많았다. 그럼에도 중개인은 사진을 찍을 형편이 안 되는 소녀들에게는 자비를 들여 사진을 찍어주는 방식으로 신부들을 모집했다. 중개인은 이렇게 모집된 신부의 사진을 모아서 미국으로 보냈고, 신랑들은 그 사진들을 보고 신부를 선택했다. 이후 신랑과 신부의 사진 교환을 통해 혼인이 성사되면 중개인들은 그제야 신랑을 통해 고액의 수수료를 챙길 수 있었다.[36]

이와 같이 인물거간군은 사진결혼에서 매우 중요한 역할을 했다. 사진결혼 초기에는 신랑의 가족이나 지인 등 인적 네트워크를 활용한 사례가 많았지만, 사진결혼이 증가함에 따라 '인물거간군'이라는 직업이 생겨나고 이들의 활약도 증가했을 것이다. 그리고 이들의 활약으로 인해 더 많은 수의 신부들이 사진결혼을 통해 미국으로 이주한 것으로 보인다.[37]

---

36 사진신부 이영옥에 따르면 진주할머니의 경우 사진신랑 한 명당 50달러, 곧 100엔을 받았다고 한다. 그중 20달러는 사진 촬영 비용으로 사용되었기 때문에 중개인의 최종 수수료는 30달러였다. Yoon, 앞의 책, p. 25.

37 당시 신문기사에서 조선 각지에서 활동하는 인물거간군은 10여 명으로 설명하고 있다. 미 대륙 지역의 사진신부들을 연구한 신성려에 따르면 총 18명의 사진신부 가운데 14명(77%)의 신부들은 자원해서 미국에 온 반면, 지인의 소개로 결혼한 사례는 4명(23%)에 불과했다. Shinn Sunoo, 앞의 책, 2002.

2) 사진결혼에서 '사진'의 의미

사진결혼에서 사진은 가장 중요한 부분일 것이다. 그렇다면 당시 조선에서 사진은 과연 어떠한 사회문화적 의미가 있었을까? 사진결혼을 단행한 여성들에게 사진은 결혼을 위한 도구였겠지만, 조선의 대중에게 사진은 부정적인 것으로 인식되었다.

아래의 〈그림 10〉은 1907년의 천연당사진관(天然堂寫眞館) 광고다. 특별염가 불변색 아래 "부인(婦人)은 내당(內堂)에서 부인(婦人)이 촬(撮)하고 출입(出入)이 심편(甚便)함"이라는 표현을 볼 수 있다. 즉, 여성은 여성 사진사가 촬영하고 여성들의 출입이 편하다는 것이다. 사실 조선 최초의 사진관은 1883년 경성 안국동에 있었다. 그러나 당시 대중은 사진을 찍으면 '혼이 나간다'고 믿었다. 또한 조선에서는 사진을 찍을 때도 남녀칠세부동석(男女七歲不同席)

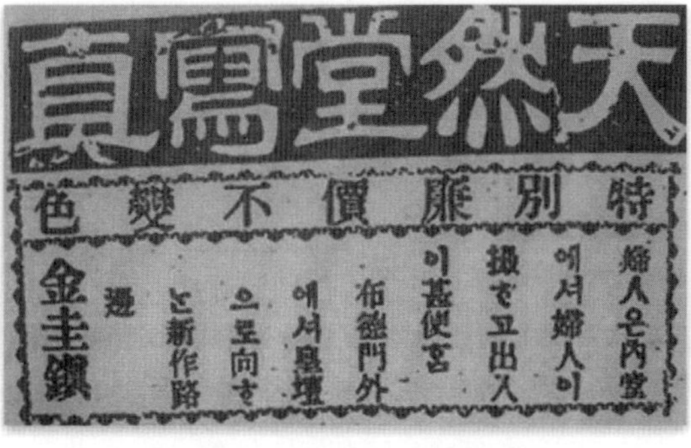

〈그림 10〉 1907년의 사진관 광고[38]

38 《대한매일신보》, 1907년 9월 26일자.

이라는 관념이 지배적이어서 여성의 경우 남성 사진사가 운영하는 사진관에 가는 것을 꺼렸고 여성 사진사를 선호했다.[39] 이러한 맥락에서 위와 같은 사진관 광고가 등장한 것이다.

이와 같은 사진에 대한 부정적인 인식에도 불구하고 어린 소녀들은 사진신부가 되기 위해 과감하게 사진을 찍었고, 태평양 건너 사진신랑들에게 자신들의 사진을 보냈다. 당시 조선의 결혼 풍습은 중매인을 통해 부모나 친척의 추천으로 신랑신부의 사주가 오가는 방식으로 진행되었다.[40] 이처럼 얼굴도 안 보고 결혼하던 사회에서 사진결혼의 의미는 무엇이었을까? 사진결혼에 대한 의견을 묻는 여성의 사연에 대해 당시 신문기자는 아래와 같은 답변을 남겼다.

> "(중략) 인생의 중대 문제를 사진만으로써 결정하여 버리고 만다는 것은 너무나 경솔한 듯한 느낌이 있습니다. (중략) 즉 다시 말하면 사진결혼이라도 하지 아니치 못할 형편이면 이전에 부모가 강제로 눈도 코도 보지 못하던 이에게 혼인을 하여준 셈치고 가실 수밖에 없겠지요."(현대어 표기 — 인용자)[41]

---

39 김병희, 앞의 책, 2014, 20~21쪽.

40 이규숙 구술, 김연옥 편집, 『이 계동 마님이 먹은 여든 살』, 뿌리깊은나무, 1984, 32쪽.

41 "사진결혼을 하여도 좋을까요?", 《조선일보》, 1926년 8월 13일자. 위 기사는 시골에서 교사로 근무하는 26세 여성이 자신의 은사로부터 미국에서 공부하는 동생과의 사진결혼을 제안받고 고민하는 내용이다. 그리고 그에 대한 상담내용을 기자가 기사화한 것이다. 사실 한인의 사진결혼은 1924년 종료된 것으로 알려져 있다. 이는 무엇보다 1924년 개정된 이민법으로 인해 사진신부의 입국이 전면 중단

위의 기사는 시골에서 교사로 근무하는 26세 여성이 자신의 은사로부터 미국에서 공부하는 동생과의 사진결혼을 제안받고 고민하는 내용이다. 그러나 1924년 개정 이민법으로 더 이상 사진신부의 입국이 어려워진 상황이었다. 당시 조선 사회에서 사진만 보고 결혼하는 '사진결혼'은 대중적으로도 수용되기 어려웠던 데 비해 미국 내 한인사회의 분위기는 사진결혼을 적극적으로 장려했다.

"(중략) 대저 직접혼인과 간접혼인의 이해는 이러한대 외양에 거류하는 우리 동포는 어느 방법을 취함이 가하뇨? 간접혼인은 합당한 법이 아니니 준행함이 불가하고 직접혼인을 하자한즉 혼인할 여자는 같이 외향에 있지 아니하고 모두 오만여리 되는 대양을 건너 있으니 직접혼인이 아무리 아름다우나 실행할 수가 없는지라. 그런즉 직접혼인은 할 수가 없고 간접혼인은 불가하니 이 두 가지를 행치 못하면 우리 동포는 영영히 환부로 늙어 죽고 혼인할 법이 없을지니 이럼으로써 부득이하여 완전한 직접혼인도 아니오 온전한 간접혼인도 아닌 사진혼인법이 발생했으니 먼저 중간에 소개자가 있고 그 후에는 피차 탐지하며 직접으로 사진을

되었기 때문이다. 그러나 위의 기사로 미루어볼 때 1924년 이후 미국으로 이주한 한인 사진신부가 존재했을 가능성이 있다고 생각된다. 하와이 사진신부에 대한 기존 연구에서 마지막 한인 사진신부 집단은 1924년 이주한 것으로 밝혀졌다. 따라서 1924년 이후 이주한 한인 사진신부가 있다면 이들은 미 대륙으로 이주했을 것으로 추정된다.

교환하고 문자로 의사를 소통하여 피차 합의하면 약혼하고 종당은 서로 만나서 혼례를 이루나니 이는 세계의 통상한 법이 아니오 외국에 거류하는 민족들이 처지와 경우를 인하여 행하는 특별풍속인대 이 일이 가하니라 불가하니라 묻게 되면 혼인하는 법에 대하여는 불가한 듯하나 사실을 의지하여 생각하면 아니 행할 수 없는 일이오 다시 말하면 우리 동포의 처지와 경우를 인하여서는 행함이 적당하고 가한 일이로다."(현대어 표기 — 인용자)[42]

위의 《신한민보》 기사처럼 한인사회도 직접혼인이 아닌 간접혼인 형태인 사진결혼의 폐단을 알고 있었지만, 혼인이 가능한 한인여성 수가 턱없이 부족했기 때문에 한인사회의 지도자들은 간접혼인 방식의 사진결혼을 적극적으로 권장했다.

사진결혼 과정에서 신랑과 신부의 사진 교환과 서신교환 등은 사진결혼이 어떻게 이루어졌는지를 구체적으로 파악할 수 있는 부분이다. 그러나 안타깝게도 그와 관련된 공식자료는 아직 발견되지 않고 있다. 따라서 사진결혼 과정을 알아보기 위해 사진신부 박계율, 이계만 그리고 이영옥의 구술자료들을 살펴본다. 먼저 사진신부 후보자들은 인물거간군의 도움으로 사진을 촬영했다.

42 "사진결혼의 이해",《신한민보》, 1915년 3월 25일자.

"이씨 부인(인물거간군 — 인용자 주)은 다른 지원자들의 사진들을 보여주면서, 그들과 같은 사진을 찍기 위해 나를 사진관으로 데려갔다. 순간 꽤 겁이 났고 심장은 몹시 두근거렸다. 이러한 모든 일들은 부모님 모르게 벌어졌다. 그 당시 가정교육을 잘 받은 여자아이들은 스스로 남편감을 고르는 일이 절대로 없었다. 어머니가 사진신부에 지원서를 낸 것을 알면 크게 화 내실 거라는 걸 알기에 몹시 두려웠다."[43]

친구들을 통해 사진결혼이 있다는 것을 알게 된 소녀들은 수소문하여 인물거간군을 만나 그들이 소개하는 곳에서 사진을 찍었다. 위의 진술처럼 소녀들은 가족, 특히 어머니가 반대할 것을 예상했기 때문에 가족들 몰래 사진결혼을 진행했고 혹시나 가족이 알게 될까 봐 두려운 감정을 느꼈다. 다음으로는 신랑과 신부 모두 여러 장의 사진을 서로 맞교환하는 과정이 이어졌다.

"가족 이외 성인 남자를 사진을 통해 처음 봤기에 몹시 긴장했으나 흥미롭기도 했다. 밖에서뿐만 아니라 집안에서도 남자와 만났을 때 눈을 마주치지 않고 아래로 향하도록 교육을 받아왔기 때문이다."[44]

43 사진신부 박계율의 구술내용 발췌. 이경원 외, 앞의 책, 63쪽.

44 사진신부 박계율의 구술내용 발췌. 이경원 외, 위의 책, 64쪽.

10대 중 · 후반이던 사진신부들은 당시 관습에 따라 성인 남성의 얼굴을 제대로 본 적이 없었다. 홀로 외출하는 것조차 자유롭게 할 수 없을뿐더러 집안에서도 남자를 만나면 눈을 마주치지 않도록 교육을 받아왔기 때문이다. 공간에 따른 성별 분리가 계속되던 조건에서 소녀들은 인물거간군이 전해준 남성들의 사진이 신기했을 것이다. 위의 인용문처럼 자신의 남편감을 스스로 고르는 것이기에 이들은 긴장되고 떨리는 감정을 느꼈을 것이다. 동시에 외출뿐만 아니라 집 안팎에서 남성과의 눈 맞춤조차 마음대로 할 수 없었던 봉건적 분위기에서 자신의 인생을 스스로 계획하고 선택하는 자유와 해방감을 느꼈을 것으로 생각된다. 다음 과정은 수개월 혹은 수년에 걸쳐 이뤄진 서신교환이었다.

> "드디어 나는 남편의 사진을 받아 보았는데 내 눈에는 그가 무척 잘생겨 보였다. 나는 몇 달 동안 편지를 주고받다가 결혼을 결심했다. 얼마 후 그는 미국에 갈 수 있는 운임 50달러를 보내왔다. (중략) 마침내 남편이 미국으로 갈 수 있는 뱃삯과 충분한 경비를 보내왔다. 만약 내가 마음이 바뀐다 해도 한국으로 되돌아갈 수 있을 경비를 충당할 수 있을 정도의 충분한 돈이었다."[45]

인물거간군을 통해 자신의 사진을 보낸 후 신랑으로부터 편

---

45 사진신부 이계만의 구술내용 발췌. 이경원 외, 위의 책, 81쪽.

지가 도착했다. 일반적으로 수개월 혹은 수년 동안 편지를 교환했다. 이들은 이러한 서신들이 연애편지처럼 느껴졌다고 진술했다. 신랑들은 자신의 사진뿐 아니라 돈을 보내기도 했다. 특히 결혼이 결정되면 신랑들은 운임비를 포함하여 대략 100달러를 인물거간군에게 보냈다. 그 가운데 50달러가 미국으로 가는 운임비로 사용되었다. 위의 인용문처럼 미국으로 오는 운임비뿐만 아니라 여분의 비용을 보내주는 경우도 있었다.[46]

사진결혼이 결정된 이후 신부들은 가족들에게 이 소식을 전해야 했다. 당시 미국에 가기 위해서는 여권이 필요했고, 여권을 신청하기 위해서는 민적등본[47] 같은 신분을 증명할 서류가 필요했기 때문이다.[48] 그러나 가족과 친척들의 반대에 부딪혔다.

---

46 사진신부 이영옥의 신랑은 그녀의 가족을 위해 총 850달러의 돈을 보내기도 했다. Yoon, 앞의 책, p. 31.

47 조선 시대의 민적제도는 1896년 제정된 「호구조사규칙」에 따라 '신식'으로 변경되었다. 광무 연간과 융희 연간을 거쳐 민적법 시행 전까지 편제된 민적을 오늘날 연구자들은 '신(식)호적', '광무 호적', '한말 호적' 등으로 부른다(이정선, 「한국 근대 호적의 호주 및 가족 구성: 1906년 한성부 호적을 중심으로」, 『서울과 역사』 92, 2016). 사진신부의 경우 1910년 12월 하와이로 이주한 최사라가 최초의 기록으로 알려져 있다. 따라서 한인 사진신부들은 1909년 제정된 민적법의 적용을 받았을 것으로 생각한다. 특히 1910년 5월에 내부대신이 외국 여권 발급신청서에 민적등본 혹은 이름 · 본적 · 신분을 증명할 문서를 첨부해 관할 경찰서에서 민적등본을 발급받는 것을 고시했기 때문이다(서호철, 「1890-1930년대 주민등록제도와 근대적 통치성의 형성: 호적제도의 변용과 '내무행정'을 중심으로」, 서울대학교 박사학위논문, 2007, 284쪽). 이런 맥락에서 한인 사진신부들은 신원확인이 가능한 서류가 있어야만 여권 신청이 가능했다. 식민시기 호주(민적)제도는 변화된 법령에 그 용어의 변동이 있었다. 그러나 한인 사진신부의 경우 19010년부터 1924년 사이 이주한 사례가 많았기 때문에 당시 법령에 따라 '민적'이라는 용어로 통일하여 설명하고자 한다.

48 사진결혼 초기에 한인 사진신부들은 '출생증명서'라는 서류를 통해 여권 신청이

"그런데 먼 친척이 '우리 집안에서 창녀로 팔려 가는 여성이 생겨서는 안 된다'며 나의 결혼과 미국행을 결사반대했다."[49]

위의 인용문처럼 사진신부 이계만의 경우 먼 친척까지 집으로 쫓아와 그녀의 결혼을 반대하기도 했다. 사진신부 박계율의 경우, 일본 유학 후 귀국한 큰오빠에게 먼저 사진결혼 이야기를 꺼냈다. 오빠는 평소에도 봉건적 생활에 얽매여 사는 조선의 여성이 불쌍하다며 더 넓은 세상을 경험할 필요가 있다고 말하곤 했기 때문이다.[50] 그러나 오빠는 박계율에게 "너는 우리 집안의 수치이므로 집에서 나가야 한다"고 했다.[51]

"어느 날 밤 나는 시아버지가 될 분에게 편지를 썼다. (중략) 시아버지의 방문으로 나는 박씨 가문의 며느리가 되었다."[52]

집에서 쫓겨날 신세가 된 박계율은 사실 진퇴양난에 빠진

가능했던 것으로 추정된다. 예컨대 1915년 미국으로 이주한 사진신부 이메리에 따르면 어머니로부터 '출생증명서'를 얻은 이후 여권을 신청할 수 있었기 때문이다. Shinn Sunoo, 앞의 책, pp. 195-196.

49 사진신부 이계만의 구술내용 발췌. 이경원 외, 앞의 책, 81쪽.

50 사진신부 박계율의 구술내용 발췌. Sunno, 앞의 책, p. 268.

51 사진신부 박계율의 구술내용 발췌. Sunno, 앞의 책, p. 271.

52 사진신부 박계율의 구술내용 발췌. 이경원 외, 앞의 책, 64-65쪽.

상태였다. 결혼을 약속했던 남편은 올해 농사를 망쳐서 결혼할 수 없다고 편지를 보내왔기 때문이다. 그녀는 남편이 이전의 편지에 소개했던 고향의 주소로 편지를 썼다. 몇 주 뒤 시아버지가 집으로 찾아왔고 그녀를 시댁으로 데려갔다. 박계율의 경우 맏며느리로 시댁에서 생활하며 이후 시아버지의 장례까지 다 치른 후에야 비로소 미국으로 이주할 수 있었다.

> "집안에서는 나를 가두고 질책하고 심하게 체벌했다. 이렇게 벌을 받음으로써 나는 중개인을 통해 몰래 편지를 주고받으며 은근히 느꼈던 죄책감에서 벗어날 수 있었다. 오히려 벌을 받는 게 시원했다."[53]

이계만의 경우, 가족의 반대는 외출 금지와 체벌로 대체되었다. 위의 인용문처럼 신부는 체벌 과정에서 부모님 몰래 사진결혼을 추진한 죄책감에서 조금은 벗어날 수 있었다고 진술했다. 앞서 소개한 것처럼 먼 친척까지 나서서 집안 망신이라며 그녀의 결혼을 강력하게 반대한 상황이었으나 결국 결혼은 예정대로 진행되었고, 이계만은 미국으로 이주할 수 있었다.

이상의 내용을 정리해보면 사진결혼 과정은 '신부의 사진 촬영 → 신랑과 신부의 사진 교환 → 신랑과 신부 간 서신교환 → 신부의 가족과 친척들의 반대 → 신부의 문제해결' 순서를 거쳐

---

53 사진신부 이계만의 구술내용 발췌. 이경원 외, 위의 책, 81-82쪽.

혼인이 성사되었던 것으로 확인할 수 있다.

4) 여권 신청과 비자 발급 그리고 밀항

이처럼 복잡한 사진결혼이 성사된 신부들은 일본 여권과 미국 비자를 발급받아야 미국으로 이주할 수 있었다. 특히 중국 상해를 거쳐 미국으로 가는 경우에는 총독부 또는 외무성으로부터 도항면허장을 받아야 가능했다. 그러나 도항면허장이 모두에게 발급된 것은 아니었으며, 어떤 신부들은 밀항을 시도했다.

> "나는 조선에서 몰래 도망쳤다. 상해로 가야만 했다. 상해에서는 중국옷을 입었다. 나는 신의주로 간 다음 안동현 그리고 마침내 상해에 도착한 후 미국에 왔다. 당시에 많은 한인이 비자 없이 미국에 왔다. 일본인은 한인에게 여권 발급을 허용해주지 않았다. 나는 한복을 입고 나왔지만, 상해에 도착한 이후로는 중국옷을 입었다. 날밤을 새고 달려서 상해로 왔다. 아버지가 중국까지 나와 동행해주었다. 당시 많은 한인이 조선을 떠나 중국에 왔기 때문에 우리가 중국에 도착할 때까지 별다른 문제는 없었다. 상해에서 배를 탄 후부터는 나는 중국인처럼 행동했다. 일본인이 배를 탄 한인을 추적했기 때문이다. 누군가 나에게 말을 걸면 나는 중국

말(광동어)로 대답해야 했다. 미국으로 오는 것은 결코 쉽지 않았다."[54]

위의 인용문은 밀항을 통해 1914년 미국으로 입국한 사진신부 우명원의 진술이다. 그녀는 가족들을 두고 미국으로 가는 것이 힘들었지만, 신랑이 보내준 배표로 1년에서 2년 사이에 출발해야 했기 때문에 가족들을 두고 미국에 왔다. 샌프란시스코까지 3주 정도 배를 탔고 여행 내내 중국옷을 입고 있다가 미국에 도착 후 양장으로 갈아입었다. 그녀가 샌프란시스코에 도착했을 때 한인 목사와 신랑이 이민국으로 마중을 나왔다. 그녀는 밀항했기 때문에 이민서류가 없었지만, 난민 신분이 인정되어 입국이 허가되었다.[55]

사진신부 신강애의 진술에 따르면 1919년 3 · 1운동 이후 한인에 대한 여권 발급은 더욱 어려워졌다.[56] 이 시기 이후에는 밀항이 더 빈번해졌을 것이다. 밀항을 통해 미국으로 오는 경우에는 샌프란시스코 혹은 시애틀에 도착했는데, 이 과정에서 한반

---

54 사진신부 우명원의 구술내용 발췌. Shinn Sunoo, 앞의 책, p. 65.

55 사진신부 우명원의 구술내용 발췌. Shinn Sunoo, 위의 책, p. 66. 사진신부 집단 가운데 난민으로 미국으로 이주한 사례는 한인 사진신부 외에도 아르메니아 출신 신부들이 있다. 한인 사진신부들이 1910년대에 주로 이주한 것에 비해 아르메니아인 사진신부들은 1920년대 중반 이후 캐나다로 이주했다. 캐나다 지역은 아르메니아 공동체가 발달한 곳으로 당시 미국 이민법의 적용을 받았다. Isabel Kaprielian-Churchill, "Armenian Refugee Women: The Picture Brides, 1920-1930," *Journal of American Ethnic History*, 12(3), 1993.

56 사진신부 신강애의 구술내용 발췌. Shinn Sunoo, 앞의 책, p. 48.

도 북부 지방을 지나 만주 그리고 상해를 거쳐야 했다.

신부들은 중국인으로 변장한 채 샌프란시스코로 가는 미국 증기선의 예약날짜를 기다리며 일본 경찰을 피해 도망 다녔다. 밀항이 성공한 이후에도 이들은 밀항한 배에 일본 경찰들이 한인을 찾아다녔기 때문에 일본 경찰을 피해야 했다. 예컨대 사진신부 신강애의 여동생의 경우 1919년 이후 여권 발급이 안 되어 먼저 중국 해주로 이동했다. 여동생은 중국에서 3년간 학교에 다니며 영어를 공부한 이후 중국옷을 입고 중국인처럼 행동한 결과 밀항에 성공할 수 있었다.[57]

> "삼촌은 러시아에 있었고 오빠는 미국에 있었다. 미국에 사는 지인이 사진결혼을 주선해주었다. 상해에서 나는 중국인 옷을 입고 미국으로 왔다. 당시 일본인은 한인이 미국으로 가는 것을 허용해주지 않았다. 일본 고베에서 모든 한인은 배에서 내리라는 명령을 받았다. 나는 중국옷을 입은 채 중국어를 사용해서 중국인으로 인정받았다. 그러나 러시아에 있을 때 나는 한복을 입었다. 나는 상해에서 시베리아호를 타고 중국에서 출발해 호놀룰루에 도착한 후 미국으로 왔다. 나는 두려울 게 없었다."[58]

---

57 사진신부 신강애의 구술내용 발췌. Shinn Sunoo, 위의 책, p. 48.

58 사진신부 신선희의 구술내용 발췌. Shinn Sunoo, 위의 책, pp. 57-58.

1915년 미국으로 이주한 사진신부 신선희의 경우 러시아에서 출발해 상해에서부터 미국에 도착할 때까지 중국옷을 입었다. 일본인 검사관은 한인에게 미국으로 가는 허가를 내주지 않았기 때문에 그녀에게는 여권이 없었다. 그녀가 일본 고베에 도착했을 때 중국옷을 입고 중국말을 사용하여 중국인으로 인정받아 미국으로 가는 검문을 통과했다.

밀항을 선택한 신부들은 미국에 도착한 이후에도 또 다른 관문이 남아있었다. 이민 수속을 통과하기 위해서는 100달러의 예치금과 함께 미국 이민법을 통과할 방법을 찾아야 했다. 즉, 밀항을 선택한 한인 사진신부들은 일본 경찰과 미국 정부의 법적 장치라는 이중의 관문을 통과해야 미국으로 이주할 수 있었다.[59]

그러나 상해를 거쳐 미국으로 입국하려는 신부들이 모두 밀항에 성공한 것은 아니었다. 도항면허장이 없어 일본 경찰에 잡혀 취조당한 채 부산으로 돌아온 사례들도 있었다.

> "(중략) 다섯 소녀는 상해에 가서 지난번 그 항구를 출발하는 차이나호를 타고 미국에 건너가고자 할 때 상해령 경찰의 취조를 만나 해외도항 면장(免狀)을 가지지 않았으므로 억류되어 24일을 문사에 힙항했던 춘일환으로 동수산 경찰서로 보내어 그 밤 하관(시모노세키 — 인용자 주)서 떠나는 관부연락선으로 부산으로 왔는대 모두 그리 천한 사람들은 아니

59 이는 1907년 행정명령과 함께 1910년에서 1945년 사이 미 대륙에 도착한 한인 수가 적은 이유이기도 하다.

오 각자 수백원 이상 천원까지 여비를 가졌더라는대 모두 상당한 가정의 부녀자이라더라."(현대어 표기 — 인용자)[60]

위의 기사는 다섯 명의 한인 소녀가 미국에 가고자 상해에서 밀항하는 데 성공했으나 결국 일본 경찰에게 잡혀 부산으로 돌아왔다는 내용이다. 이로 미루어보건대 당시 밀항을 시도한 여성들 가운데 나이가 어린 소녀들이 많았고, 이들이 소지한 돈으로 미루어볼 때 경제적으로 부유한 가정 출신이었을 것으로 추정할 수 있다.

반면 밀항과 달리 정식으로 도항면허장을 얻은 신부들은 어떤 과정을 통해 미국으로 입국했을까? 사진신부 김순년의 비자 발급 과정을 토대로 천연희, 박계율 그리고 이영옥의 진술을 추가하여 사진신부의 미국 입국까지의 과정을 살펴보고자 한다. 사진신부의 자료와 구술을 토대로 '민적 등록 → 여권 발급 → 민적 발급 → 미국 비자 발급 → 건강검진 → 이민 심사' 과정을 재구성했다.

첫 번째 단계는 신부가 신랑의 민적에 자신의 이름을 등록하는 것이다.[61] 사진신부 김순년의 경우 1917년 7월 10일자로 혼

60 "5명의 소녀 미국에 밀항하고자, 사진혼인을 하러 가는 것인가", 《매일신보》, 1917년 11월 28일자.

61 사진신랑의 민적은 그 사례가 다양했을 것으로 추정된다. 사진신랑들은 1903년에서 1905년 사이 미국으로 이주한 것으로 알려져 있으나 예외적으로 그 이전에 선원 혹은 인삼상인으로서 미국으로 이주한 사진신랑들도 존재했기 때문이다. 따라서 사진신랑들 가운데 민적이 없는 사례도 있었을 것으로 예상할 수 있

인신고를 하면서 사진신랑 염시문의 아내로서 민적 등록을 신청했다.[62]

두 번째 단계는 여권, 곧 여행권 발급의 신청이다. 김순년은 신랑 염시문의 아내였기 때문에 여권 신청이 받아들여졌다. 미국에 거주하는 신랑의 아내였기 때문에 가족 구성원의 자격으로 일본 여권이 발급되었다. 여권을 신청할 때는 일본 경찰이 며칠씩 경찰서로 불러 문답을 했다.[63] 또한 의사에게 십이지장충과 트라코마 눈병(유행성결막염의 일종)을 검사한 후 진단서를 발급받아 일본 외무성 총독부 검사국에 제출했다.[64]

다. 또한 1909년 7월부터 9월(경상북도의 경우 12월 27일)까지 실시된 제1회 호적조사에서 13,313,017명이 등록되었다. 이는 국내 거주자뿐 아니라 일본인도 등록되었고, '폭도'(무력으로 등록에 반대한 사람)라고 쓰인 사람도 존재했다(임경택, 「특집: 일본 식민지 통치의 종언과 대한민국 건국에 관한 조사연구; '일제(日帝)'의 '국민(國民)' 만들기 — 민적법에서 창씨개명까지」, 『한림일본학』 9, 2004, 203-204쪽). 당시 이러한 상황에서 미국에 있는 사진신랑들의 민적이 제대로 등록되었는지에 대해서는 불분명하다.

62 Patterson, 앞의 책, p. 237.

63 박계율은 당시 시골 오지에 거주했기 때문에 순사와의 문답을 위해 경찰서를 여러 차례 방문하는 것이 힘든 일이었다고 말했다. Shinn Sunoo, 앞의 책, pp. 278-279.

64 천연희의 기록에 따르면 외무성 총독부 검사국에 건강진단서를 제출한 이후 여행권이 나와서 1915년 정월 15일 진주에서 하와이로 출발했다(문옥표 외, 앞의 책, 169쪽). 그러나 당시 식민지 조선의 여권 업무는 시기에 따라 담당하는 기관이 달랐다. 가령 1910년의 해외 여권 신청은 총독관방 총무부 외사국에서 담당했고, 이후 1912년 총독관방 외사국을 거쳐 1915년 총독관방 외사과로 업무가 이관되었기 때문이다(배성준, 『조선총독부 조직구조와 분류체계 연구』, 한국국가기록연구원, 2004. 57-59쪽). 따라서 1915년 이전에 여권이 발급된 천연희의 경우 총독관방 외사국에 진단서를 제출했을 것으로 생각한다. 즉, 여권에 관련해서 사진신부의 기억에 오류가 존재할 가능성이 있다. 이러한 가능성에도 불구하고 현재 한인 사진신부의 여권 발급 과정에 대한 공식자료가 부재하기 때문에 이 장에

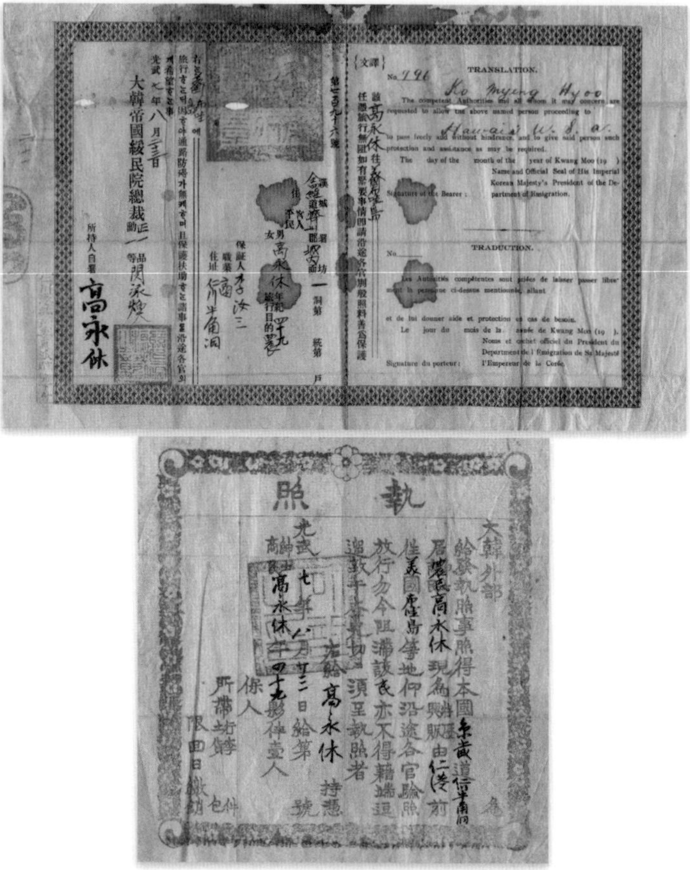

〈그림 11〉 여권(집조)의 변화[65]

서는 한인 사진신부의 구술자료들을 토대로 일본 여권과 미국 비자 발급과정을 추적했다.

65 1902년에 대한제국 정부는 임시기구로 수민원(綏民院, 혹은 유민원)을 설치하여 여행권(혹은 집조, 오늘날의 여권)을 발급했다. 이후 여행권 발급 업무가 외부(外部)로 이관되었다. 고영휴의 경우 두 가지 종류의 집조를 모두 가지고 있는 사례다.

민적을 신청한 후 1년 정도가 지난 1918년 6월 28일자로 김순년의 일본 여권이 발급되었다. 여권번호는 108622번으로, 여권에는 손글씨로 "노동자 이주민의 친척: Baron Goto Shimpei(외무대신의 이름)"라고 적혀 있었다. 이는 신랑 염시문이 미국에 거주하는 노동자이고 김순년은 그의 아내, 곧 가족임을 증명해주는 것이다. 또한 여권 소유자의 외모에 대한 묘사도 간략하게 기록되었다. 가령 "나이: 16살 1달, 키: 4피트 11센치, 얼굴: 작음, 얼굴빛: 어두움, 눈: 큼, 눈썹: 두꺼움, 입: 큼" 이렇게 작성되었다.[66]

세 번째 단계로 혼인신고 이후 신랑의 민적에 등록된 김순년의 민적등본 발급이다. 그녀는 여권이 발급된 이후 한 달이 지난 1918년 7월 5일자로 민적이 발급되었고, 신랑 염시문의 이름과 시부모의 이름 및 출생일이 각각 기록되었다.[67] 그리고 김순년의 이름과 그녀의 가족 정보도 기록되었으며, 장녀로서 부모님의 이름까지 기록되었다. 또한 그녀의 출생일은 메이지 35년인 1902년 6월 11일로 표기되었다.

네 번째 단계는 미국 비자 발급이다. 민적이 발급된 이후 대략 3주(약 21일)가 지난 1918년 7월 26일자로 김순년에게 미국 비

66 Patterson, 앞의 책, p. 237.

67 패터슨의 연구에 따르면 신랑 염시문의 민적에 등록된 김순년의 민적(Japanese family register)은 1918년 7월 5일자로 발급되었다(Patterson, 앞의 책, p. 237). 그러나 그전에 김순년의 일본 여권이 이미 발급되었기 때문에 김순년의 민적등본이 남아있을 것으로 생각된다. 이런 맥락에서 보면 첫 번째 단계에서 등록된 민적은 여권 발급 목적으로 이미 경찰에 제출한 것이고, 세 번째 단계에 발급된 민적등본은 미국에서의 혼인신고를 위한 서류로 사용한 것으로 보인다.

자가 발급되었다.[68] 김순년의 미국 비자 번호는 6551번이다.[69] 그녀의 비자는 요코하마의 미국 총영사관에서 발급되었고 부영사가 서명했다. 김순년은 1917년 7월 16일 사진신랑과 혼인신고를 했고, 그녀의 미국 비자는 1918년 7월 26일에 발급된 것이다. 요컨대 한인 사진신부가 일본 여권과 미국 비자를 모두 발급받기까지는 혼인신고 이후부터 대략 1년이 넘게 소요되었다.

다섯 번째 단계는 건강검진이다. 미국 비자가 발급되기 전 신부들은 이미 건강검진 결과를 제출했다. 그러나 미국으로 출발하기 전에 다시 건강검진을 받아 그 결과를 제출해야 했다. 경상도 지역에 거주했던 신부들은 대부분 부산으로 와서 연락선을 타고 시모노세키에 내려 다시 일본 기차를 타고 고베나 요코하마에 와서 한인 여관에 투숙했다. 당시 하와이로 가는 신부들은 고베나 요코하마에서 건강검진을 다시 받아야 했기 때문이다. 일본 여권을 신청할 때 제출했던 십이지장충과 눈병 검사를 다시 통과해야 미국으로 가는 배에 오를 수 있었다.

눈병 검사는 일주일에 한 번, 그리고 십이지장충 검사는 2주에 한 번 있었다. 즉 눈병은 매주 검사가 가능하지만, 십이지장충 검사에 불합격할 때는 2주에 한 번씩 재검을 받을 수 있었다.[70] 신랑이 돈을 보내주지 않거나 신부의 가족들이 신랑이 보낸 돈

---

68 Patterson, 앞의 책, 2000, p. 237.

69 행정자치부 국가기록원, 『기록으로 보는 재외한인의 역사: 이주와 정착 그리고 발전의 시간들-아메리카』, 국가기록원, 2016, 31쪽; 노선희, 앞의 논문, 2021a.

70 문옥표 외, 앞의 책, 2017, 179쪽.

을 신부에게 보내주지 않으면 신부는 여관에 빚을 지기도 했다. 두 검사 모두 통과해야 신부들은 미국에 갈 수 있었다. 신부가 검진을 계속 통과하지 못할 경우에는 검사비와 여관비 같은 체류비용이 추가로 필요했다. 또한 여권 기한은 6개월이었기 때문에 그 안에 건강검진을 통과하지 못하는 경우 여권을 재발급받아야 했다. 그런데 이 모든 검사를 통과했다 할지라도 바로 미국으로 출발하지 못하는 경우가 있었다. 당시 미국으로 가는 배의 수가 적고 승선할 사람이 많은 경우 신부들은 제비뽑기를 통해 순서가 결정되었기 때문이다. 제비뽑기에 떨어진 신부들은 또다시 2주를 기다려야 했다.

마지막 단계는 이민 심사로 이전 단계에서 건강검진을 모든 합격하고 제비뽑기에 성공하면 신부들은 비로소 배에 오를 수 있었다. 하와이의 경우 대략 2주 그리고 미 대륙의 경우 약 3~4주가 지나면 신부들은 미국에 도착했다. 신부들은 배에서 내려서 곧바로 이민국으로 가서 신랑이 올 때까지 이민국에 갇혀서 기다려야 했다.[71]

하와이의 경우 신랑들은 여러 섬에 흩어져서 살았기 때문에

---

71 미 대륙으로 입국하는 경우에는 하와이 혹은 캐나다를 경유했다. 그리고 경유지에서 건강검진이 이루어지기도 했다. 시애틀이나 샌프란시스코에 도착한 한인 사진신부들 가운데 건강검진을 통과하지 못해 장기간 이민국에 체류한 사례도 있다. 예컨대 1924년 미국으로 이주한 사진신부 김신숙의 경우 사진결혼 직후 미국으로 가지 않고 조선에서 시부모와 함께 살았다. 형제 중 장남이던 사진신랑의 부탁으로 3년 동안 시부모를 봉양한 이후 미국으로 이주했다. 남편과 함께 입국하려던 그녀는 임신한 상태였으나 건강검진을 통과하지 못하여 23일간 이민국에서 체류했다.

호놀룰루 이민국까지 오는 데 시일이 소요되었다. 신랑이 신부를 데리러 오면 통역관은 신부를 불러서 이민 수속을 받게 도와주었다. 즉, 신랑이 신부를 데리러 와야만 신부는 한인 통역관과 함께 이민 수속을 진행할 수 있었다. 이민국 직원은 통역관을 통해 신부의 이름, 나이, 영어 능력, 남편의 이름, 남편의 거주지 등을 물었다.[72] 1917년에 강화된 이민법으로 신부들은 문맹 테스트도 받게 되었다. 문맹 테스트는 신부에게 종이와 연필을 주고 통역관의 도움 없이 영문과 국문 시험을 진행하는 방식이었다. 이후 이민국 직원은 신랑과 신부를 불러서 사진 속의 부부가 맞는지 확인했다. 이처럼 사진신부는 하와이 도착 직후부터 이민 수속을 밟는 과정까지 남편과 통역관 등 한인 남성에게 의존해야 했다. 이 모든 과정이 통과된 이후 신부는 비로소 이민국 밖, 미국 땅에 발을 내디딜 수 있었다.[73]

위에서 설명한 단계들을 거쳐 1910년에서 1924년 사이 미국으로 입국한 한인여성은 총 1,552명이었다.[74] 그중 사진결혼을 통해 미국으로 입국한 한인 사진신부 숫자는 현재로서는 정확하게 파악할 수 없다. 다만 이 시기 이민국 자료를 통해 입국자의 결혼 여부와 함께 성별과 연령대는 확인 가능하다. 한인 사진신부의 대다수가 14세에서 44세 미만의 여성들이었으므로 이 숫자

72 문옥표 외, 위의 책, pp. 185-187.

73 Yoon, 앞의 책, pp. 46-47.

74 조은정 · 송병건, 앞의 논문, 111쪽.

로 제한하여 계산해보면 대략 842명이 입국한 것으로 보인다.[75] 그러나 모든 신부의 연령대를 44세 이하로 보는 것은 적절치 못하다. 적어도 사진결혼 초기에는 40대 과부들 가운데 신부가 된 사례들이 존재했기 때문이다.[76] 그러나 44세 이상 과부 그리고 난민 혹은 학생으로 미국에 입국한 한인여성을 포함하여 계산한다고 하더라도 한인 사진신부의 전체 숫자는 채 1천여 명이 넘지 않았을 것이다.[77]

---

75 조은정 · 송병건, 위의 논문, 111쪽.

76 "사진결혼을 권고, 남편을 맞으러 포아로, 십 여명의 여자 권유원", 《매일신보》, 1914년 12월 29일자.

77 한인 사진신부의 정확한 숫자는 아직도 논의 중이다. 기존의 연구에서는 대략 1천 명으로, 900여 명이 하와이로 100여 명이 미 대륙으로 이주했다고 알려져 있다. 그러나 홍윤정은 실제로 미국으로 이주한 사진신부 수는 대략 600명이라고 주장했다(홍윤정, 앞의 논문, 2005). 최근의 사진신부 연구들은 이러한 경향을 수용하여 600~1,000명 정도로 한인 사진신부 숫자를 소개하기도 한다.

3.
식민지 조선의 공간에서 '상상된' 미국과 사진결혼

제III부에서는 한인 사진신부의 사진결혼 과정에 대해 살펴보았다. 식민지 조선에서 사진결혼에 대한 부정적인 인식에도 불구하고 한인 사진신부들은 교육을 중심으로 새로운 가능성을 모색하기 위해 미국으로 이주하고자 했다. 이들이 사진결혼을 선택한 것은 강제결혼 등 가부장적 환경으로부터 자신을 지키기 위해서였다. 특히 사진결혼 과정에서 '인물거간군'이 중요한 역할을 담당했다. 사진결혼 초기에는 신랑신부의 가족이나 지인 등 인적 네트워크를 활용한 사례가 많았으나 이후에는 인물거간군을 통해 미국으로 이주했다.

또한 사진결혼 과정을 살펴보면 사진신부들은 사진 촬영을 한 후 사진 교환과 최종적으로 부모의 재가를 얻어 결혼했다. 혼인이 성사된 한인 사진신부는 '민적 등록-여권 발급-민적 발급-

미국 비자 발급-건강검진-이민 심사' 과정을 거쳐 미국으로 입국할 수 있었다. 그러나 모든 한인 사진신부들에게 일본 여권이 발급된 것은 아니었다. 이들 중 일부는 중국 상해에서 밀항을 통해 미국에 도착한 후 이민국에서 난민의 지위를 인정받아 미국에 입국하기도 했다.

미국에 도착해 이민 수속, 문맹 테스트 그리고 남편과 실제 결혼했는지를 확인하는 과정에서 한인 사진신부는 남편, 통역관 등 한인 남성에게 의존할 수밖에 없었다. '사진'을 매개로 미국으로 이주한 그녀들은 자신만의 힘으로 스스로를 지킬 수 없었기 때문이다. 조선에서 사진신부의 보호자가 아버지로 상징되는 가부장이었다면, 미국 이주 초기에는 사진신랑과 한인사회가 그녀를 인종차별로부터 보호해줄 새로운 보호자였다. 스스로 독립할 자원이 부재한 상황에서 한인 사진신부들이 자신을 보호하기 위해서는 도시로의 이주라는 전환기가 필요했다.

Ⅳ

한인 사진신부의 일상과 자기보호

사진신부의 어머니, 황하수(혹은 황혜수). 1919년 경 촬영한 것으로 알려진 황하수의 사진이다. 그녀는 미 대륙에서 대학을 졸업한 이후 하와이로 이주하여 호놀룰루 YWCA에서 사회복지사로 근무하였다. 한인 사회복자사로서 그녀는 한인 사진신부들에게 영어를 교육하고 미국 문화에 대한 친밀도를 높일 수 있도록 도왔다. 특히 가정에서 학대를 당하는 사진신부들을 위해 법정 통역사 역할도 수행하였다.
(이화인문과학원 제공)

제IV부에서는 집단농장 생활에서부터 시작된 한인 사진신부의 한인사회에서 경험과 이후 도시로의 이주가 한인 사진신부 집단에 어떠한 영향을 주었는지를 살펴볼 것이다. 특히 농장에서의 생활과 이후 도시로의 이주가 한인 사진신부 집단에 어떠한 영향을 주었는지를 살펴볼 것이다. 한인 사진신부 집단은 농장의 집단생활에서 미국을 경험하게 되었고 미국 생활에 적응하는 방법을 배워나갔다. 또한 도시로의 이주는 농장 속 한인사회라는 제한된 공간이 아닌 도시라는 확장된 장소에서 다양한 활동들을 경험하며 여러 인종 · 민족 · 젠더 · 계층과 새로운 사회적 관계를 형성하는 계기가 되었다.

오늘날의 시각에서 20세기 초반 미국으로 이주한 사진신부들을 보면 다수를 차지했던 남성 독립운동가에 부가적으로 더해진 여성 독립운동가로 이해할 수도 있고, 가부장제에서 벗어나려고 한 자율적 행위자로 생각할 수도 있다. 그러나 인종, 계급, 젠더 등 미국 내 다층적 사회관계 속에서 한인여성은 지배적 관계와 타협, 수용, 저항 등을 선택했다. 다시 말하면 지배와 저항 사이에는 행위자의 복잡하고 모순적인 선택이 존재했다.

제IV부에서는 미국 이주 이후 농장과 도시에서 한인 사진신부의 선택을 '자기보호'라는 측면에서 분석해보고자 한다. 미국에서 발생한 한인 사진신부의 선택은 가부장제, 인종적 위계질서 그리고 식민지배에 대한 저항으로만 이해되거나 혹은 당시 미국에서 지배적이던 노동시장 내 인종적 위계질서에 대한 일방적 종속만을 의미하지는 않는다. 이는 마치 나치에 열광했지만 공장에서 자신의 삶을 위해 명령이나 지시를 따르지 않고 버티거나 때로는 게으름을 피운 노동자의 일상적 선택이 모순적으로 공존한 것과 마찬가지로 20세기 초반 미국으로 이주한 사진신부는 한편 자신을 보호하기 위해 가부장적 한인사회에 의존하기도 했다. 또한 도시로 이주한 뒤에도 인종차별로부터 자신과 자녀들을 지키기 위해 한인 주거지역 안으로 숨어들기도 했다. 다른 한편으로 그녀들은 도시로 이주해서 다양한 직종이나 인종과 관계를 맺었지만, 인종 간 위계를 넘어서진 못했다. 동시에 제2차 세계대전 이후 사진신부와 가족들은 미국 사회의 보호와 인정을 얻기 위한 실천을 모색했다. 이와 같이 이 장에서는 미국 이주 후 사진신부의 복잡한 선택과 실천을 '자기보호'라는 맥락에서 설명할 것이다.

이러한 맥락 하에 제IV부에서는 한인 사진신부들이 미국 사회에 정착하며 미국 사회의 이주여성으로 변모해가는 과정에 초점을 맞추고자 한다. 이를 위해 미국에서 사진신부의 선택과 경험을 크게 세 가지 분기점으로 나누어 분석할 것이다.

먼저, 농장에서의 경험이다. 초기 이주 시기의 정착 과정의 결혼생활과 농장 생활 속에서 한인 사진신부들은 사진신랑에게 의존했다. 또한 교회 목회자, 가령 남성 목회자와 전도부인들에게 의존해 새로운 사회적 관계를 형성했다. 이렇게 농장에서 형성된 사회적 관계가 구체적으로 어떠한 형태였는지를 분석할 것이다.

다음으로, 도시로의 이주다. 도시로 이주한 후 정착 과정에서의 새로운 직업을 선택하는 등 일상, 경험, 선택을 논의할 것이다. 한인 사진신부들이 농장을 떠나 도시로 이주한 선택은 미국 내 노동시장 하층부에 취업해서라도 가족과 자신의 생계를 유지하기 위한 '자기보호' 행위였음을 밝히고자 한다.

마지막으로, 태평양전쟁 시기를 거치면서 변화하는 환경 속에서 한인 사진신부의 선택을 분석할 것이다. 전쟁을 통해 미일 관계가 악화되면서 미국 내 한인은 일본인과 다른 존재임을 인정받기 위해 노력했다. 이러한 한인의 인정투쟁 과정에서 한인 사진신부들은 어떤 선택을 했는지 그리고 이는 자신의 자녀인 한인 2세대와 어떠한 차이점이 있었는지를 논의할 것이다.

요컨대 이 장에서는 농장, 도시 이주 및 직업 선택, 공동체 등 일상 공간에서 한인 사진신부들이 만났던 사람들, 일했던 장소, 거주지 등 '장소-공간'을 매개로 '여성-배우자-어머니-서비스노동 종사자'로서 이들이 각각 다르게 맺은 인종, 계급, 젠더 관계의 수용 또는 타협하는 선택들을 '자기보호'라는 맥락에서 논의하도록 하겠다.

1. 농장에서의 일상과 경험

한인 사진신부들은 미국으로의 이주 초기에 농장에서의 정착 과정에서 한인 남성과의 지속적 혹은 단속적 관계 형성을 통해 미국 생활에 적응해나갔다. 특히 결혼생활과 함께 농장 생활에서 이들은 남편 혹은 남성 목회자 같은 한인 남성과의 관계 속에서 생존해나갈 수 있었다.

1) 집단농장 생활과 한인

한인 사진신부들의 미국 정착 과정을 살펴보면 먼저 이들은 미국에 도착한 뒤 합동결혼식을 올린 후 신랑이 거주하는 농장으로 이동했다. 제III부에서 살핀 것처럼 사진신부들 가운데 다수는 14세에서 20세 초반으로 호놀룰루 이민국에서 자신보다 대략 열다섯에서 스무 살가량 연상의 사진신랑을 처음 만나게 되었다. 이민 심사를 모두 마친 후 신랑을 처음 만난 신부들 가운데 사진과 다른 신랑의 외모에 충격을 받은 경우가 많았다. 사진 교환 과정에서 나이를 속인 신랑들이 많았기 때문이다.[1] 이들은 충격을 뒤로하고 호놀룰루의 한인 여관에서 체류한 후 합동결혼식을 올렸다.[2]

결혼식은 한인 단체의 도움으로 한인교회 소속 여성 신자들과 남성 목회자에 의해 이루어졌다. 사진신부가 미국에서 처음으로 경험한 공동체는 신랑이 소속된 한인 단체와 결혼식을 주관한 한인교회였다. 사진결혼을 통해 1915년 하와이로 이주한 천연희의 경우 호놀룰루 한인 여관에 체류하는 동안 합동결혼식을 올리게 되었다.

> "여관 주인의 할머니가 '내일은 너희들이 혼인한다' 하고 릴리하(Lliliha)에 있는 기숙사(한인 기숙학교)에 가서 홍한식 목사의 주례로 혼인을 한다고 한다. 혼인을 아니 한다 하면 한국으로 보낸다. 울고 울면서 할 수 없이 사랑 없는 혼인을 하러 여자(사진신부) 셋이서 마차를 타고 가는 대로 따라가니 조

---

1 가장 대표적인 예로 사진신부 박순하의 경우 신랑의 나이가 40대라고 알려졌으나 실제 신랑의 나이는 70대였다.

2 사진신부들의 합동결혼식이 한인 신문에서 기사화되기도 했다. 대표적인 기사로는 "차례로 열리는 혼인 예식", 《신한민보》, 1916년 4월 6일자.

그마한 학원이라 한다. (중략) 나는 웃지도 않았다. 할 수 없이 억지로 혼인을 한 까닭이다."[3]

위의 인용문처럼 사진신부들은 미국에 도착한 이후 한인 남성 목회자의 주례로 여러 명의 사진신부들과 함께 결혼식을 올리는 경우가 많았다. 천연희는 사진신랑의 실제 모습을 보고 혼인을 거부하고 싶었지만, 한국으로 다시 돌아가고 싶지 않았기 때문에 억지로 혼인했다.

사진신부들이 미국 이주 후 한인에 대한 최초 경험은 실상 미국 이민국에서 시작되었다. 이민국에서 일하는 통역관이 한인이었기 때문이다. 이후 이민 심사에서 문제가 발생했을 경우 신랑과 함께 신부를 마중 나온 한인 단체 지도자의 도움으로 이민 수속을 마치는 경우도 있었다. 한인 단체 지도자들 가운데 한인 교회 소속의 목회자 출신이 많았기 때문이다.[4] 사진신부들은 도시에서 겪은 한인사회에 대한 짧은 경험을 뒤로한 후 자신의 신랑을 따라 하와이의 각 섬에 위치한 농장으로 이동했다.

제II부에서 논의한 것처럼 한인의 이주는 노동이주로 시작되었기 때문에 1910년의 한인사회는 남성 청장년층 중심이었다. 다음 〈표 4〉는 1910년에 조사된 것으로 한인이 하와이로 이주한

---

3 문옥표 외, 앞의 책, 349쪽.

4 샌프란시스코로 입국한 한인 가운데 문제가 발생했을 경우 '국민회'라는 한인 단체를 통해 문제를 해결한 사례가 많다. 미국 이민국과 국민회의 관계에 대해서는 Erica Lee & Judy Yung, 앞의 책, 5장 참조.

〈표 4〉 하와이 및 호놀룰루 한인 남성 인구(1910)[5]

(단위: 명)

연령	하와이	호놀룰루
15세 이하	296	36
15~24	336	52
25~34	1,883	138
35~44	1,030	53
45~54	288	16
55~64	84	3
65세 이상	12	0
미확인	2	2
종합	3,931	300

지 얼마 지나지 않았을 시기에 작성된 미국 센서스 자료다. 〈표 4〉에서 확인할 수 있듯이 호놀룰루에 거주하는 남성이 300여 명인 데 비해 그 외 지역에 거주하는 남성은 3,931명으로 10배 이상인 것을 확인할 수 있다. 당시 하와이에서 한인을 포함한 아시아인 다수가 농장주의 후원을 통해 미국으로 이주한 것으로 알려져 있다.[6] 즉, 한인의 이주 초기에 조사된 〈표 4〉의 내용으로 미루어볼 때 한인 남성의 대부분은 농장 노동자였을 것으로 추측할 수 있다.

5 이영민, 「호놀루루 초기 한인집단의 거주지 형성과 정체성의 변화」, 『문화역사지리』 8, 1996, 110쪽 재인용.

6 김도형, 앞의 논문, 2013.

〈표 5〉 하와이 한인 1세의 성별 결혼상태(1910)[7]

(단위: 명, %)

결혼상태	남성	백분율
혼인한 상태(배우자 있음)	65	9.1
혼인한 상태(배우자 부재)	284	39.8
홀아비	85	11.9
독신(결혼한 경험 없음)	279	39.1
합계	713	100.0

〈표 5〉에서 볼 수 있듯이 15세 이상 한인 남성의 결혼 여부를 조사한 결과, 남성 가운데 배우자가 있는 경우는 9.1%(65명)에 불과했다. 즉, 대부분의 한인 남성은 배우자가 없는 상태에서 단신으로 이주한 농장 노동자였던 것으로 추정된다.[8] 당시 노동자들은 농장주가 제공한 숙소에 거주했다.

"신혼 방이 대구에 있는 하인의 방보다 못했어요. 요리를 하고 자고 쉬는 방이라고는 하나밖에 없었어요. 마루는 나무 바닥이었고요. 가구라고는 초라하거나 거의 없었어요. 어떻게 해서 내가 이렇게 고된 생활을 하게 된 것일까? 저는

7 신형진, 「하와이 한인 이민 1세의 사회경제적 동화: 1910년 미국 센서스 자료의 분석」, 『한국인구학』 33(1), 2016, 113쪽 재인용.

8 1903년에 처음으로 도착한 한인 86명은 호놀룰루에서 오아후섬 북부 지역인 모쿨레이아(Mokuleia)의 와이알루아(Waialua) 농장으로 이주했다. 한인 노동자들은 스페인 노동자 캠프에서 거주했고, 그 결과 한인과 스페인인이 결혼한 사례도 있었다. 로버타 장 · 웨인 패터슨, 앞의 책, 54쪽.

혼자서 많은 날을 울었어요. 제 생활은 부모님이 원하셨던 삶과는 거리가 멀었어요."[9]

"실내에서 요리를 할 수 있기 때문에 미국이 정말 멋지다는 애기를 들었어요. 그건 정말 편리했어요. 그 밖에 집과 관련한 다른 것들은 날 기쁘게 해주었어요. 남편은 〔사진결혼을 위해 남편이 조선을 방문했을 때〕 사진을 보여주며 미국에 무엇이 있는지를 말해주었어요. 사진과 실제 미국은 달랐지만 난 실망하지는 않았어요."[10]

신랑이 마련한 숙소에 도착한 사진신부들이 느낀 감정은 상반된 것이었다. 첫 번째 인용문은 1912년 사진신부가 되어 하와이로 이주한 이희경의 구술이다. 이희경은 대구 신명여학교 1회 졸업생으로 부유한 가정 출신이었다. 모국에서 부유한 생활을 했던 사진신부는 사진신랑이 마련한 숙소를 보고 실망했다.

반면 가난을 벗어나기 위해 이주한 신부는 어느 정도 만족스러운 '감정'이었다. 두 번째 인용문은 1923년에 미 대륙으로 이주한 사진신부 강경수의 구술이다. 강경수는 결혼 전 부산에 거주했다. 그녀의 남편은 사진결혼을 위해 직접 부산에 와서 그녀

9 사진신부 이희경은 농장이 아닌 호놀룰루 펀치볼(Punchbowl)에서 신혼생활을 시작했다. 그러나 본국에서 부유한 가정 출신이던 신부에게 사진신랑의 집은 초라한 곳이었다. Yoon, 앞의 책, p. 59.

10 사진신부 강경수의 진술. Shinn Sunoo, 앞의 책, p. 89.

에게 미국의 사진들을 보여주었다. 강경수는 미국 집의 부엌 사진이 마음에 들었다고 말했다. 위의 구술처럼 미국 집의 실제 모습은 자신이 모국에서 본 미국 사진과 달랐음에도 강경수는 실내에서 요리할 수 있다는 점이 편리하게 느껴졌고 신랑이 마련한 미국 집이 마음에 들었다. 이처럼 사진결혼을 통해 미국으로 이주한 한인 사진신부들은 사진신랑이 주도하는 가부장적 가족 형태를 수용하는 동시에 미국 생활의 주거와 생활 조건의 편리성에 만족했다.

〈표 6〉 하와이의 인종별 인구분포(1920)[11]

(단위: 명, %)

인종	인구	비율
하와이 원주민	23,723	9.3
하와이 원주민 계열	18,027	7.0
백인	49,140	19.2
중국인	23,507	9.2
일본인	109,274	42.7
한국인	4,950	1.9
필리핀인	21,031	8.2
푸에르토리코인	5,602	2.2
흑인	348	0.1
기타	310	0.1
합계	255,912	100.0

11 Andrew W. Lind, *Hawaii's People*, The University Press of Hawaii: Honolulu,

미국에 도착한 한인 사진신부들은 농장이라는 새로운 환경에 적응해야 했다. 특히 농장으로 이동한 한인 사진신부들은 여러 민족이 함께 생활하는 집단농장 생활에 적응해야 했다. 위의 〈표 6〉은 1920년에 조사된 하와이 지역의 인종별 인구를 나타낸 것이다. 표에서 볼 수 있듯이 하와이 지역에서 단일 인종 · 민족으로는 일본인(42.7%)이 가장 많았다. 이는 농장에서도 마찬가지였다. 즉, 당시 농장 노동자의 다수는 일본인이었다. 제II부에서 논의한 것처럼 아시아인 노동자들은 미국 자본의 흐름에 따라 변화하는 이민법과 이민정책을 통해 미국으로 이주하게 되었다. 하와이의 경우 플랜테이션 농업이 시작된 19세기 중엽 무렵에는 중국인 노동자가 많았고, 이후 19세기 말부터 일본인 노동자들이 하와이로 이주하여 플랜테이션 농업이 계속된 1950년대까지 사탕수수 농장 노동자의 다수를 차지했다.

다음 〈그림 12〉는 하와이군도 내 각 섬에 위치한 사탕수수 농장들과 오아후(O'ahu)섬의 에와(Ewa)농장을 나타낸 것이다. 1903년에서 1905년 사이 미국으로 이주한 한인이 가장 많이 이동한 곳은 오아후섬의 에와농장으로 알려져 있다. 하와이군도 내 각 섬에 위치한 농장과 한인 숫자는 현재 정확하게 파악할 수는 없다. 다만 한인 이주 직후 한인의 예배가 시작된 지역 순서로 추적해볼 때 오아후섬에 위치한 모쿨레이아(Mokuleia)와 카후쿠(Kahuku) 지역의 농장들과 하와이섬의 코할라(Kohala) 지역의 농

1980, p. 34.

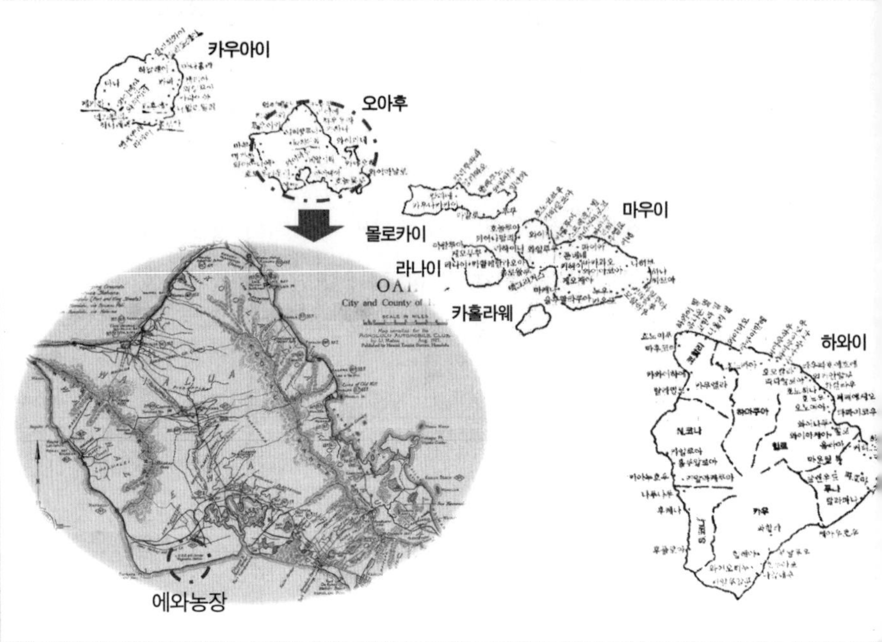

〈그림 12〉 하와이 사탕수수 농장들과 에와농장의 지도[12]

장으로 한인의 다수가 이주했을 것으로 추정된다.[13]

12 노선희, 「장소적 관점에서 본 사회적 관계의 변화: 20세기 초 한인 사진신부를 중심으로」, 『한국학논집』 85, 2021d, 144쪽.

13 1903년 1월 13일 한인의 이민이 시작된 이후 그해 3월부터 오아후섬의 모쿨레이아와 카후쿠에서, 11월에는 호놀룰루에서 그리고 이듬해부터는 하와이섬의 코할라 지역에서 한인의 예배가 시작되었다(이덕희, 앞의 논문, 2004). 이와 같이 특정 지역에서 한인의 예배가 이루어진 것으로 미루어볼 때 오아후섬과 하와이섬에 한인이 많았을 것으로 생각한다.

"에와농장은 민족별로 캠프를 구분해놓았는데 일본인 캠프, 한국인 캠프, 오키나와 캠프가 있었지요. (중략) 많은 아가씨들이 정말 어렸던 것이 기억나네요. 어떤 이들(사진신부 — 인용자 주)은 하루 종일 울고 있기도 했어요. (중략) 내 어머니(노동이민 1세대 — 인용자 주)는 어린 신부들에게 대모나 어머니 감독관 같은 존재였어요. (중략) 사진신부에 대해서는 그 밖에 감리교회가 어린 신부들로 꽉 찼던 것이 기억나는 일이에요."[14]

위의 인용문은 에와농장에서 어린 시절을 보낸 헤이즐 박 정(Hazel Park Chung)의 구술이다. 에와농장은 하와이의 중심 섬인 오아후섬에 위치한 농장으로, 당시 한인 노동자 가운데 가장 많은 수가 에와농장에 소속되어 있었다. 헤이즐 박 정은 자신의 숙모는 조선에서 온 사진신부였다고 말했다. 그런데 숙모 같은 사진신부들에게 자신의 어머니, 곧 노동이민 1세대 여성은 일종의 감독관 혹은 대모 같은 존재였다고 회고했다. 한인 사진신부들은 미국에 안정적으로 이주 · 정착하기 위해 한인 신랑과 한인 남성 목회자와의 긴밀한 사회적 관계를 유지했다. 그러나 이들은 한인 남성뿐 아니라 양성 관계에 있어서도 새로운 관계를 맺어나갔다. 바로 전도부인 같은 노동이민 1세대, 곧 선배 이주여성과의 관계 형성이었다. 즉 당시 30~40대였던 선배 이주여성, 곧 노동이민

14 헤이즐 박 정의 구술내용 발췌. 이선주 · 로버타 장, 앞의 책, 279-280쪽.

〈그림 13〉 1920년 촬영한 호놀룰루 한인 감리교 부인전도회[15]
(한국이민사박물관 제공)

1세대 한인여성들은 10대 중 · 후반에서 20대 초반이던 사진신부들에게 농장 생활의 적응에 많은 영향을 주었다.

그러나 미국에서의 농장 생활은 하와이와 대륙이라는 지정학적 특성에 따른 차이점이 존재했다. 가령 사탕수수 농장들은 하와이의 각 섬에 위치했음에도 백인계 남성 감독관의 지휘 아래 농장이 운영되는 방식은 모두 유사했다. 그러나 대륙에 위치한 농장의 운영방식은 하와이와 달랐다. 미 서부지역은 19세기 중 · 후반부터 대륙횡단철도가 개통되면서 동부와 서부가 연

15 한인교회는 전도부인을 중심으로 활동의 영역을 넓혀나갔다. 노동이민 1세대 여성들을 필두로 하여 사진신부들이 함께 활동한 것으로 알려져 있다.

결되었다. 이에 따라 주(state)와 도시(city)의 경계를 넘나드는 이동이 빈번하게 이루어졌고, 노동자의 이동 또한 자유로운 편이었다. 한인의 다수가 거주한 미 서부에 위치한 농장들도 노동자 간 자유로운 이동을 바탕에 두고 운영되었다. 따라서 미 대륙의 한인 노동자들은 '도시'라는 경계 없이 농장을 자유롭게 오가며 계절제로 근무했다. 가령 대륙의 한인 가운데 일부는 농장에서 계절제 노동자로 일하면서 겨울철에는 알래스카로 가서 어업에 종사하다가 봄이 되면 서부로 돌아와 각 지역에서 일자리가 부족한 농장으로 이동해 일용직 노동자로 일했다.[16]

또한 하와이에서는 사탕수수 플랜테이션 농업이 주를 이룬 반면, 미 대륙의 경우 지역에 따라 재배한 농작물이 달랐다. 서부의 경우 20세기 초만 하더라도 오렌지와 포도 같은 농작물을 재배하다가 이후에는 벼농사 위주로 농장이 운영되었다. 그러나 사진신부들이 이주하기 시작한 1910년 이후부터 대륙의 한인 노동자의 노동 형태에 변화가 나타났다. 대륙의 한인은 서부지역만이 아닌 중부지역으로 이동하며 계절제 노동보다 전일제 노동에 종사하기 시작한 것이다. 이는 사진신부의 합류 이후 자녀들이 태어나면서 가족 단위의 농업이 가능해졌기 때문이다.[17] 가족을 형성한 한인은 고용된 노동자가 아니라 토지를 임대해 가족 단위의 집약적 노동을 통해 농장을 운영했다. 요컨대 미 대륙과 하와이

16 Sunno, 앞의 책, 2002.

17 Sunno, 앞의 책, 2002.

의 농장 상황이 달랐기 때문에 사진신부들은 자신이 정착한 지역에 따라 이들의 일상도 각기 다른 양상으로 전개되었다.

특히 미 대륙의 노동자들과 달리 한인과 사진신부 다수가 거주했던 하와이는 경직된 농장 시스템이었다. 앞서 〈그림 12〉에서 확인한 것처럼 20세기 초 하와이군도의 주요 섬에는 사탕수수 농장들이 고르게 분포하고 있었다. 또한 농장은 백인 농장주의 소유 아래 각각 노동자들을 총괄하는 감독관[18]이 존재했다. 즉 하와이 농장은 미 대륙의 농장에서는 볼 수 없었던 '루나(luna)'라고 불린 비아시아인 감독관이 농장마다 존재했고, 그들을 통해 인종 · 민족적 위계질서가 만연한 상태였다.[19]

그중 한인과 일본인은 1910년 이후 '피식민지민과 식민지민'이라는 관계를 형성하고 있었는데, 이는 농장에서의 생활에 영향을 주었다. 농장 노동자의 다수인 일본인이 농장의 파업을 지속적으로 주도하자 한인은 1903년에서 1905년 사이 '일본인 노동자의 파업파괴자'로서 백인 농장주들의 후원을 통해 미국으로 이주했다. 그러나 한인이 농장에 합류한 이후에도 일본인 노동자들은 노동환경 개선과 임금인상을 요구하며 파업을 계속했다. 이들의 파업은 여러 민족을 포섭해 집단파업을 유도하는 형

18 당시 감독관들은 주로 프랑스, 포르투갈, 푸에르토리코 등 비아시아 지역 출신으로 이들은 현지어로 'Luna(루나)'라고 불렸다.

19 1909년 기록에 따르면 일본인 노동자들은 26일 일하는 동안 18달러를 받은 반면, 동일한 업무를 수행하는 포르투갈인과 푸에르토리코인은 22달러 50센트를 받았다.

식으로 발전했다.[20]

예컨대 1920년 초 오아후섬의 일본인 노동자들은 여러 민족을 규합해 파업을 진행했다.[21] 이 파업은 1917년 새롭게 형성된 일본인 노동자단체와 필리핀 노동자단체가 1920년 초에 연합해 일으킨 파업이었다.[22] 당시 파업으로 인해 대략 12,000여 명의 노동자가 주거공간을 잃고 실직자가 되었다. 또한 당시 하와이에 스페인독감이 상륙하여 집을 잃은 노동자 중 사망한 사례도 많았다. 그러나 일본인 노동자나 필리핀 노동자의 경우 민족별 노동자단체에서 적립한 금액으로 파업에 참여한 노동자들을 후원하는 제도가 있었고, 노동단체로부터 구제를 요청할 수 있었다.[23]

---

20 하와이 농장의 경우 인종 · 민족적 위계질서가 존재했다. 이는 '루나'라는 존재 외에도 임금 문제를 통해 유추할 수 있다. 20세기 전반 하와이 농장에서 일본인 노동자들은 집단파업을 통해 자신의 요구사항을 하나씩 관철해나갔다. 특히 이들은 파업을 통해 임금상승을 지속적으로 유도했고, 이후 농장 내 비아시아인 노동자인 포르투갈인과 푸에르토리코인 등과 동등한 임금을 요구했다(Kimura, Yukiko. *Issei-Japanese Immigrants in Hawaii*, University of Hawaii Press, 1988, p. 151). 이는 농장 노동자 중 아시아인 민족집단 가운데 가장 높은 임금이었다. 즉, 하와이 농장은 '루나'라는 감독관을 제외하면 일본인 노동자 중심으로 운영되었다.

21 1920년 일본인 노동자들은 여러 민족을 규합해 파업을 진행했다. 특히 필리핀, 포르투갈, 중국, 푸에르토리코, 스페인, 멕시코 출신 노동자들과 한인 가운데 일부 노동자들도 함께 참여한 것으로 알려져 있다. Edward D. Beechert, *Working in Hawaii: A Labor History*, University of Hawaii Press. 한인 노동자들이 파업에 참여하지 않은 이유에 대해 정치적 이유 때문일 것으로 논의되고 있다. Yŏng-ho Ch'oe, 앞의 책, p. 31.

22 1898년 필리핀이 미국에 복속된 이후 필리핀 노동자들은 하와이로 다수 이주했다. 이후 하와이 농장에서 필리핀 노동자들은 여러 민족 집단 가운데 일본인 다음으로 많은 수의 민족 집단이 되었다.

23 1920년 오아후섬에서 발생한 파업은 필리핀, 포르투갈, 중국, 푸에르토리코, 스페인, 멕시코 출신 노동자들과 한인 가운데 일부 노동자들도 함께 참여한 것으로

반면 한인의 경우 아직까지 노동단체를 결성했다는 기록이 없다. 무엇보다 한인은 일본인 노동자의 파업파괴자로서 미국으로 이주했기 때문에 노동단체를 결성하지 않았을 것이다. 따라서 한인 노동자들이 장기화된 파업에서 구제받을 수 있는 후원금은 없었을 것이다.[24] 당시 많은 수의 한인 노동자들은 오아후섬에 위치한 에와농장에서 일하고 있었기 때문에 파업으로 한인은 일순간에 실직자가 되었다. 하와이 사탕수수 농장은 노동자들이 하루하루 참여한 노동을 통해 수익을 벌어들이는 시스템이었고, 파업으로 인한 농장의 중단은 곧 노동자들의 수입 소멸로 이어졌다.[25]

결국 파업으로 인해 농장에서 생계가 막막해진 한인은 농장을 떠나 도시로 이주할 수밖에 없었다. 당시 에와농장은 호놀룰루 근방에 위치해 있었고, 에와농장 부근에는 철도가 개통되어 있었다. 즉, 에와농장에서 호놀룰루까지 열차를 통해 이동이 가

알려져 있다. 일본인 노동자의 주도로 1920년 초에 시작하여 반년이 지나서야 종료된 파업으로 인해 하와이 농장주들이 일본인 노동자 단체에 지불한 금액은 (최대) 1,200만 달러로 알려져 있다. Center for Labor Education and Research University of Hawai'i-West O'ahu, History of Labor in Hawai'i, 자료 출처: https://www.hawaii.edu/uhwo/clear/home/HawaiiLaborHistory.html

24 일본인 노동자나 필리핀 노동자의 경우 각 민족 노동자단체에서 적립한 금액으로 파업에 참여한 노동자들을 후원했다. 한인의 경우 노동단체가 없었으므로 이러한 후원금은 없었을 것으로 추정된다. 즉, 한인 노동자의 경우 파업으로 인해 농장주가 이들을 쫓아낸 것이 아니라 생계를 위해 한인이 스스로 농장을 떠날 수밖에 없었다.

25 오아후섬에 위치한 에와농장은 당시 한인 노동자 수가 가장 많았던 농장이다. 이민 1세대 여성으로서 에와농장에서 일했던 강성진은 10시간 일하면 50센트를 받았다. 그러나 서부지역에 정착한 이계만은 대륙의 농장에서 10시간 일하고 8달러를 받았다. Shinn Sunoo, 앞의 책, pp. 108, 208.

능했다.

이와 같은 하와이 사탕수수 농장과 대륙 농장에서의 상이한 환경에서 미국으로 이주하게 된 한인 사진신부들은 각각 어떻게 적응하고 미국 생활에 정착할 수 있었을까? 2절에서는 이들이 농장 생활에 적응해나가는 과정을 살펴보고자 한다.

2) 농장에서의 일상과 부부관계의 변화

앞에서 논의한 것처럼 한인 사진신부들은 미국 이주 직후 호놀룰루에서 결혼식을 마치고 사진신랑이 일하는 각 섬의 농장으로 이동했다. 즉, 농장 내 '파업파괴자'인 남편을 따라 이주한 사진신부들은 집단농장 생활의 인종 · 민족 간 위계질서에 자연스럽게 노출되었다. 그리고 이들은 다민족이 함께 생활하는 농장 생활에서의 적응뿐만 아니라 하와이 한인사회에서의 새로운 관계도 만들어야 했다. 이러한 과정 중에 한인 사진신부들은 한인사회의 남성 중심 가부장적 질서를 경험하면서 이를 수용하며 농장 생활에 적응했다.

무엇보다 초기 이주 과정에서 한인 사진신부들은 결혼생활과 농장 생활에서 사진신랑, 곧 남편에게 전적으로 의존할 수밖에 없었다. 이는 한인의 '사진결혼'이라는 방식에서 기인했다. 한인 사진신부들은 가족의 반대를 무릅쓰고 미국으로 이주한 사례들이 많았다. 식민지 조선에서 직업도 없었던 어린 소녀들이 가족의 반대에도 미국으로 이주할 수 있었던 데는 사진신랑이 보내준 '여비'가 절대적이었다. 가령 1918년 하와이로 이주한 사진신부 이영옥에 따르면 사진결혼이 성사된 이후 남편은 100달러, 850달러, 200달러를 보내주어 사진결혼도 준비하고 친정식구들에게 혼인선물을 줄 수 있었다. 이영옥은 하와이 이주 이후에도 경상도 함안의 친정집에 지속적으로 돈을 보냈고, 그녀의 남동생은 하와이에서 누나가 보내주는 돈으로 일본 유학을 갈 수 있었다.[26] 이러한 상황은 대륙의 한인 사진신부들도 마찬가지였다. 특히 1914년 샌프란시스코에 입국한 사진신부 신강애에 따르면 사진신랑이던 그녀의 남편은 사진결혼 이후에도 그녀의 여동생과 남동생을 재정적으로 지원해주었다. 두 동생이 중국으로 유학하여 영어를 공부하고 이후 비자 없이 밀항하여 난민의 지위로 미국에 입국하기까지 그녀의 남편은 적극적으로 친정식구들을 지원해주었다.[27]

위의 하와이와 미 대륙의 사진신부 사례들로 미루어보건대 한인 사진신부들은 초기 정착 과정에서 적어도 경제적인 측면에서 사진신랑에게 전적으로 의존한 것으로 보인다. 그뿐만 아니라 한인 사진신부들은 사진신랑뿐 아니라 한인 남성 지도자에게 의

---

26 Yoon, 앞의 책, p. 31.

27 Shinn Sunoo, 앞의 책, p. 48.

존하기도 했다. 정식입국 절차를 거치지 않았을 경우 미국 이민국에서 한인 남성 지도자의 도움으로 난민으로 인정받을 수 있었기 때문이다.

> "우리(한인 — 인용자 주)가 갑판 위에 나오면 1등석 혹은 2, 3등석의 승객들도 볼 수 있었다. 우리는 괜찮은 대우를 받았다. 나는 배에 오르기 전까지 중국옷을 입었고 배에 탄 후부터는 양장으로 갈아입었다. 나는 한국에서 밀항을 통해 미국으로 왔기 때문에 많은 물건을 가져오지는 않았다. 약간의 돈과 옷 몇 가지가 전부였다. 내가 샌프란시스코에 도착했을 때 이대위 목사와 황사선 목사가 함께 마중을 나왔다. 그리고 나의 남편도 있었다."

위의 인용문은 여권을 발급받지 못해 밀항을 통해 미국으로 이주한 사진신부 우명원의 구술이다. 우명원이 샌프란시스코 천사도에 있는 이민국에서 난민으로 인정되기까지는 한인 남성 통역관과 함께 한인 남성 지도자, 곧 남성 목회자들의 도움이 절대적이었다. 가령 이민국에서 한인 통역관이 해결할 수 없는 문제가 발생했을 경우 한인 남성 지도자는 국민회를 대표하여 이민국과 한인 간의 마찰을 해결해주었다.[28] 밀항을 통해 미국으로 이주

28 20세기 초 샌프란시스코 천사도에 위치한 이민국에서 발생한 이민 수속 과정 및 난민으로 이주한 한인의 사례에 대해서는 Erika Lee and Judy Yung, 앞의 책, 5장 참조.

한 한인 사진신부들도 이런 방식을 통해 이민 수속을 마칠 수 있었다.

이와 같이 한인 사진신부들은 식민지 조선에서 미국으로 오기까지 그리고 이 과정에서 미국 이민국에서의 마찰 또한 한인 남성들에게 전적으로 의존해 여러 문제를 해결할 수 있었다. 이런 맥락에서 한인 사진신부들은 이주 초기 농장 생활에서도 한인 남성에 대한 의존도가 높았을 것으로 추정할 수 있다.

당시 한인사회는 시댁 식구가 없는 경우가 많았기 때문에 가부장적 질서가 비교적 약했을 것으로 예상할 수 있다. 그러나 사진신부들보다 열다섯에서 스무 살가량 나이가 많았던 사진신랑들은 미국으로 이주한 이후에도 조선 사회의 가부장적 사고방식이 여전히 남아있는 경우가 많았다.

> "(중략) 〔한인교회에서 — 인용자 주〕 상하이에서 부임한 장봉 목사에 대한 논의가 있었다. 그는 이승만에 대해 비판적이었기 때문에 이승만을 지지하는 교인들은 장봉 목사를 해임해야 한다고 주장했다. (중략) 열띤 토론 끝에 목사의 해임에 대한 공개투표를 하기로 했다. 투표가 진행되었고 이승만의 지지자였던 남편〔미스터 정 — 인용자 주〕은 목사 해임에 투표했다. 그러나 아내〔사진신부 이영옥 — 인용자 주〕는 해임에 반대하는 투표를 했다. 남편이 〔아내가 장봉 목사의 해임에 — 인용자 주〕 반대투표를 했다고 들었을 때 그는 아내에게 성큼성큼 걸어

와 아내의 뺨을 때렸다."[29]

"너는 어떤 여자야? 남편 누구야? 어른한테 공손하게 말할 줄 몰라?"

(중략)

"선생님, 저보다 어른이신데 제가 공손한 표현을 사용하지 못한 것에 대해 정말 사과드립니다. 제가 열여섯 살에 사진신부로 하와이에 온 이후로 제대로 된 예절을 배우지 못했습니다. 저의 무지함과 무례함을 용서해주세요. 저에게 어른에게 사용하는 경어를 알려주세요."[30]

위의 두 사례는 모두 사진신부 이영옥이 하와이에서 한인 남성과의 마찰로 겪은 일들이다. 첫 번째 사례는 사진신랑이 아내인 사진신부가 자신과 정치적 성향이 다르다는 이유로 공개적으로 아내에게 물리적 폭력을 행사한 것이다. 두 번째 사례는 모금 활동 당시 경어를 제대로 사용하지 않는다는 이유로 한인 독신 남성에게 모욕을 당한 경험이다. 즉, 한인사회에서 사진신부들은 가부장적 질서로 인해 남편과의 불화뿐 아니라 다른 한인 남성들과의 마찰도 존재했다. 이런 마찰에도 불구하고 모국 가족에 대한 재정지원과 미국 생활에서의 안정성 등을 이유로 이주

29 Yoon, 앞의 책, p. 126.

30 Yoon, 앞의 책, p. 103.

초기 한인 사진신부들은 부부관계와 한인사회에 만연한 가부장적 질서를 수용했다.

그러나 이러한 가부장적 질서를 수용하던 한인 사진신부들이 차츰 미국 생활에 적응해나가면서 이들을 둘러싼 균열이 발생하기 시작했다. 특히 부부 중심의 결혼생활에서 그 파열이 시작되었다. 하와이와 미주 한인사회에서는 나이 많은 사진신랑들만큼 미혼 한인 남성들도 많았다.[31] 시간이 지나면서 사진신부들이 미국 생활에 적응하게 되자 미혼 남성이 결혼 상대로 더 매력적이었을 것이다.[32] 실제로 어린 신부들이 나이 많은 신랑에게 낙담해 다른 남성과 도망간 사례도 있었다.

> "(중략) 한국 남자들은 자신의 사진, 보통 더 젊었을 적의 사진을 한국을 오가는 사람 편으로 한국에 보냈어요. 한국에서 여성들은 하와이까지 가는 비용을 대줄 남자를 사진을 보고 선택해 결혼하기로 하는 거예요. 이렇게 해서 그 많은 젊고 예쁜 소녀들이 나이 든 남자들과 결혼을 하게 된 거지요. 내 삼촌도 그런 남자들 가운데 한 명이었어요. 어떤 여자들은 결혼을 했다가 집을 나가기도 했고 다른 캠프로 도망

---

31 제III부에서 논의한 것처럼 미국에 노동이주한 한인 남성 가운데 아내와 함께 하와이에서 거주한 한인 남성은 남성 전체 인원 가운데 채 10%도 되지 않았다.

32 1930년대에 발표된 소설 『구름을 잡으려고』에서 사진신부 순애와 젊은 한인 남성들과의 일탈이 등장한다. 그녀는 사진결혼의 여정인 일본에서 만난 한인 유학생의 아이를 임신하기도 하고, 사진결혼 이후에는 농장에서 만난 한인 유학생과 도망가기도 했다.

가기도 했습니다. 그렇게 해서 다른 민족 간의 결혼도 이루어지기 시작한 거예요. 그러나 상당수의 여성들은 아주 양심적이어서 자신의 경비를 대준, 원래 결혼하기로 되어 있던 남자와 결혼을 하고 성실하게 살았어요. 그들은 에와농장에서 아주 좋은 아내들이 되었어요."[33]

위의 인용문은 에와농장에서 어린 시절을 보낸 한인 1.5세대의 진술이다. 이로 미루어보건대 하와이 농장에서 한인 사진신부가 나이 많은 신랑을 버리고 도망간 사례가 실제로 존재했음을 유추할 수 있다. 이러한 나이 많은 한인 노동자와 미국으로 이주한 어린 사진신부의 일탈에 대한 논의는 당시 희곡이나 소설로 발표되기도 했다.[34]

"사랑이 없는 감옥 같은 속에서 살던 순애(사진신부 — 인용자 주)는 더 견딜 수 없어서 그만 멀리 갑니다. 그러나 결코 인덕 씨(한인 유학생 — 인용자 주)를 원망하지는 마서요. 내가 그를 따라가고 싶어서 가는 것이지 결코 그가 나쁜 것은 아닙니다."[35]

---

33 로버타 장 · 이선주, 앞의 책, 279쪽.

34 사진신부의 일탈에 대해 주요섭의 소설 『구름을 잡으려고』에서 상세하게 소개되고 있다. 또한 교육받지 못하고 나이가 많은 신랑으로 인한 신부의 번민은 윤백남의 『운명』에서 소개하고 있다.

35 주요섭, 『구름을 잡으려고』, 255쪽.

위의 인용문은 주요섭이 1930년대 신문에 연재한 소설 『구름을 잡으려고』의 일부분이다.[36] 소설 속의 주인공은 박준식이라는 인물이다. 그는 조선에서의 극심한 가난으로 인해 미국으로 가고자 했다. 그러나 이민 사기를 당해 멕시코로 보내졌고 그곳에서 노예처럼 생활하다가 겨우 탈출하여 샌프란시스코로 이주했다. 그러나 그는 낯선 미국 사회에서 적응하지 못하고 오랜 시간을 방황하다가 우연히 민족의 지도자를 만난 후 각성하여 변화된 삶을 살게 된다. 이후 준식은 우여곡절 끝에 종잣돈을 모아 사진결혼을 하게 되었다. 그러나 그의 아내인 사진신부 순애는 미국으로 오는 여정인 일본에서 우연히 만난 한인 유학생과 눈이 맞아 그의 아이를 임신한 채 결혼했다. 주인공은 그러한 어린 아내의 비행을 받아들이고 아이를 키우며 농장 일에 매진했다. 그러나 그의 아내는 방학마다 농장에 와서 일하던 한인 유학생인 인덕과 눈이 맞아 남편이 평생 모은 돈을 들고 야반도주를 했다.

위의 소설 속에 등장하는 한인 노동자와 사진신부의 이야기처럼 초기 이주 과정에서 남편에게 의존했던 한인 사진신부들은 농장생활에 익숙해지고 다양한 사회관계가 형성되자 남편에 대한 의존도가 점차 줄어들게 되었다. 그리고 그 과정 중에 다른 젊은 남성과 도망가기도 했던 것이다.

---

36 주요섭은 1920년 후반 미국 유학을 경험하고 1930년대 동아일보에 이 소설을 연재했다. 주요섭은 자신이 미국에서 실제 겪은 경험과 그곳의 한인들에게 들은 이야기를 바탕으로 미 서부지역 한인의 이야기를 소설로 재현했다. 이 소설은 당시 미 서부지역의 상황들이 자세하게 묘사되어 있어서 소설보다는 다큐멘터리에 가깝다는 평을 받고 있다.

"아버지께서는 원래 전도사라는 직업 관계상 서양인과 교섭이 많으시고 서양 것이라면 덮어두고 숭해허시는 폐(弊) 있었습니다. 그런 까닭에 서양에 더욱 미국에 있는 사람이라면 모두가 훌륭헌 인격과 지식과 부가 있는 줄로 오신(誤信) 허셨습니다. (중략) 그리고 중매 든 사람한테 혼자 승낙을 해버리셨습니다. (중략) 수옥 씨! 나의 죄를 용서허십쇼. 서양을 동경하는 허영이 나의 양심을 적지 아니 가리웠던 것도 사실이올시다. (중략) 그래서 급기야 이곳에 들어와 보니까 훌륭한 성공자라는 남편은 구두를 고치는 생활을 하고 있습니다. 수옥 씨 나의 심중의 고통을 미루어 생각해 주십쇼."[37]

위의 인용문은 1920년 윤백남이 발표한 희곡 『운명』의 일부분이다. 희곡의 주인공 박메리는 이화학당 출신으로 기독교인 아버지의 제안으로 사진결혼을 하여 미국으로 이주했다.[38] 그녀는 양화(구두) 수선업자인 사진신랑과 결혼한 후 신앙생활을 소일거리로 하며 호놀룰루에 정착했다. 그러나 조선에서 자신의 애인이던 수옥이 미국 유학길에 잠시 호놀룰루를 방문하게 되면서 그녀의 결혼생활은 일순간에 파탄이 나게 되었다. 그녀는 이주 초기에는 사진신랑인 남편과 호놀룰루 한인교회의 목회자들과 새로

---

37 윤백남, 『운명』, 49-50쪽.

38 실제로 하와이 사진신부 가운데 이화학당 출신도 있었다.

운 관계를 형성하며 미국 생활에 적응했다. 그러나 과거의 애인을 만나게 되자 그녀는 결혼생활을 깨고 수옥을 따라 미 대륙으로 가고자 했다. 그리고 그 와중에 그녀는 남편인 양길삼을 살해하게 된다.

위의 문학작품 속 사진신부들의 이야기는 극화된 창작물이라는 것을 감안하더라도 당대의 현실을 상당히 핍진하게 보여준다.[39] 사진신부와 관련된 소설과 희곡은 결혼생활의 균열과 파탄을 소재로 삼고 있다. 순애와 박메리처럼 사진신부들은 이주 초기에는 결혼생활에서 남편인 한인 남성에 의존한 상태에서 사회적 관계를 형성해나갔다. 그러나 한인 사진신부들이 미국 생활에서 안정화되자 순애와 박메리처럼 결혼생활의 균열과 파탄이 이어지기도 했다.

> "나는 어머니에게 어머니 시대의 사람들이 왜 그렇게 많이들 이혼했는지 여쭤보았어요. 어머니는 이들 대부분이 상대방을 잘 알지도 못한 채 중매를 통해 결혼했음을 상기시

---

39 주요섭의 소설과 윤백남의 희곡 속의 사진신부 이야기는 매우 극단적인 사례들이다. 이는 작가가 당대의 사회문제를 반영한 문학작품을 창작하게 되다 보니 사진신부의 사례들 가운데 가장 자극적인 이야기가 선택되었기 때문으로 생각한다. 그러나 이는 한편으로 저자들의 경험이 작품 속에 반영되었기 때문이기도 하다. 예컨대 주요섭의 경우 20세기 초 미국 서부지역에서 유학 생활을 했고, 이를 토대로 미주 한인의 이야기를 집필했다. 또한 희곡을 집필한 윤백남은 1910년대 《매일신보》 기자로 활동했기 때문에 당시 조선의 언론에 등장하는 사진결혼의 폐단을 잘 알고 있었다. 이러한 배경하에 사진신부와 관련된 소설과 희곡은 결혼생활의 균열과 파탄을 그 소재로 삼았다.

켜주셨지요. 하와이에서 한 2년 정도 살고 나면 여자들은 하와이에 대해 어느 정도 눈을 뜨게 되는 거예요. 그리고 여자들이 무척 부족했고요. 그래서 어떤 여자들은 늙은 남편과 이혼하고 젊은 남자와 다시 결혼했어요. 어머니는 한국에서의 생활과 하와이에서의 생활이 너무도 다르다고 말씀하셨어요."[40]

위의 인용문은 1913년 하와이로 이주한 한인 사진신부 김옥희의 자녀, 도로시 김 루디(Dorothy Kim Rudie)의 구술이다. 그녀에 따르면 당시 십대 중·후반이었던 한인 사진신부들은 2년 정도의 농장 생활을 거쳐 미국 생활에 적응했다. 한인 사진신부의 미국 생활 적응은 결혼생활의 파탄, 곧 이혼으로 이어진 사례들이 많았다.

요컨대 미국 이주 직후 한인 사진신부들은 생존 문제와 함께 새로 이주한 미국에서 자신의 안정적 정착을 위해 사진신랑에게 크게 의존하며 한인사회의 가부장적 질서를 수용했다. 그러나 미국 생활에 어느 정도 적응하게 되자 신랑 이외에 여러 관계를 맺으며 사진신랑과의 이혼 등 새로운 가족 형태를 구성했다. 즉, 한인 사진신부 중 일부는 미국 생활에서의 사회적 관계의 확대에 따라 가부장적 질서와 거리를 둔 새로운 가족 형태를 모색했다.

---

40 이선주 · 로버타 장, 앞의 책, 306쪽.

2. 도시로의 이주 이후 한인 사진신부의 변화된 선택

한인 사진신부들이 농장을 떠나 도시로 이주한 데는 일본인 노동자의 파업이 결정적 계기가 되었다. 이들은 농장을 떠나 도시로 이주하여 미국 내 노동시장 하층부로 취업해서라도 자신과 가족의 생계를 유지하고자 했다. 즉 한인 사진신부들은 가부장적 문화가 잔존한 집단농장 생활을 벗어나 도시의 노동시장에서 인종 간 위계를 타협적으로 수용했다. 여기서는 여공, 가내서비스, 세탁, 가내보조업 등 하층계급 유색인종 직업에 종사했던 사진신부들이 농장이 아닌 도시에서 직업 선택에 주목하고자 한다. 즉 한인 사진신부들이 도시 이주 후 공적영역에서 직업을 갖게 된 점은 과거에 비해 진일보했지만, 가족의 생계를 위해 낮은 사회적 지위와 노동조건을 받아들이며 인종 간 위계질서를 수용했던 일면을 논의하고자 한다.

1) 도시 이주 이후 사진신부의 변화와 선택

한인 사진신부가 하와이로 이주를 시작할 때 사탕수수 농장 주들은 사진신부의 도착과 가족 형성이 한인 노동자를 더욱 장기적이고 숙련된 노동자로 변모시킬 것으로 기대했다. 그러나 결과는 그 반대였다. 한인 사진신부는 하와이 농장에 거주한 민족 집단 가운데 가장 먼저 농장을 떠나 도시로 진출했기 때문이다. 이와 관련된 하와이 한인 연구에 따르면 한인은 1920년을 기점으로 농장을 떠났다고 대답했다. 응답자 대부분은 한인 사진신부들이었는데, 이들에 따르면 대략 1/3 이상은 더 좋은 직장과 더 나은 소득을 위해 농장을 떠났다. 특히 그 가운데 85%의 응답자들은 농장을 떠나 이주한 곳이 도시였다고 대답했다.[41]

앞 절에서 논의한 것처럼 사진신부의 도시로의 이주는 직접적으로는 일본인과 관련되어 있다. 특히 1920년에 발생한 일본인 노동자의 장기화된 파업의 결과로 한인 중 다수가 일자리를 찾아 도시로 이주하게 되었다. 당시 1920년의 파업을 기점으로 한인은 오아후섬의 호놀룰루 근방의 와히아와(Wahiawa) 지역으로 모여들었다.

> "병참소(와히아와 지역의 스코필드 병영 육군 기지 — 인용자 주)에서도 양복점과 빨래하는 세탁소를 다 한인이 맡아 하고 시

---

41 Patterson, 앞의 책, pp. 238-239.

비 파인애플 공장에서도 한인이 많이 일했다. 그래서 한국 아이들이 많이 있었다. 하루는 부모들이 모여 토론한 결과 한글을 아이들에게 가르쳐야 한다는 문제가 나와 몇몇 지도자들이 의논해 나를 한글 가르치는 선생님으로 고빙(예를 갖춰서 모셔가는 것)하기로 결정되어 내게 사람이 와서 물었다. 나는 살기가 어려우니 하겠다고 허락하고 아이들을 데리고 와히아와로 갔다. (중략) 예배당 뒤의 작은 방에서 아이들을 고생시키며 근근이 살아갔다. 길찬록(당시 남편인 사진신랑 — 인용자 주) 씨는 와이파후(Waipahu, 마우이섬에 위치한 농장 — 인용자 주)에 그냥 있었다. 와히아와에서는 자기 할 일이 없기 때문이다. 각기 떨어져 한 1~2년을 살았다."[42]

위의 사진신부의 진술처럼 한인은 미군 부대가 있는 와히아와 지역으로 일거리를 찾아 이주했다. 세계대전 시기나 경제공황 시기에 하와이도 미 본토의 영향으로 물가가 상승하고 경기가 나빠지는 불황이 계속되었으나 군부대와 연관된 산업에 종사했던 한인은 그 영향을 적게 받았다. 군인의 월급은 국가에서 제공했기 때문에 군인과 관련된 산업은 소득이 일정하게 유지되었기 때문이다. 특히 하와이 지역 군부대의 규모가 커지면서 지역에 거

42 와히아와로 이주해 길찬록과 별거 생활을 하던 천연희는 이후 미군 부대의 세탁 업무를 하던 박대성과 재혼했다. 와히아와 지역에서 남편과 세탁업을 계속하다가 당시 한인 사이에서 유행했던 여관업을 시작하기 위해 호놀룰루 지역으로 이동했다. 문옥표 외, 앞의 책, 222-223쪽.

주하는 한인 수도 증가했다. 한인교회가 세워지고 한인 아이들을 위한 한글학교도 생겨났다. 사진신부들은 더 좋은 직장과 더 나은 소득 그리고 자녀교육을 위해 도시로 나왔다. 아마 이 시기부터 도시로 나온 신부들 가운데 일부가 농장 노동자인 신랑과 별거를 시작했을 것으로 생각된다.

한인 사진신부들이 농장을 벗어나 도시로 이주한 이후부터 경제활동을 포함한 이들의 생애사는 전환점을 맞이하게 되었다. 신부들 가운데 신랑과 별거하는 사례도 있었고, 도시로 함께 이주한 신랑이 무직 상태인 경우도 있었다. 당시 아시아인 사진신부들은 미국인의 평균보다 자녀 수가 더 많았던 것으로 추정된다.[43] 신랑이 술과 도박에 빠져 가정을 돌보지 않는 경우, 사진신부들은 자녀의 수만큼 경제적으로 어려움을 겪었다.[44] 이런 상태가 지속되자 신부들은 결국 이혼을 청구하게 되었다. 이혼 이후에 한인 사진신부의 삶은 각기 다양하다. 어떤 신부는 이혼 직후 전남편보다 더 젊고 나은 직장을 가진 한인 남성과 재혼하기도 했고, 어떤 신부는 자녀들이 다 성장할 때까지 기다렸다가 이혼한 후 평생 독신으로 지내기도 했다. 요컨대 도시 이주 이후 신부들은 신랑의 무책임과 무능함에 타협하기보다는 '이혼'을 선택함

---

43 당시 미 언론은 일본인 여성의 재생산 기능이 백인 여성보다 훨씬 더 높다고 과장했다. 그러나 이는 미 서부지역에서 잠식해가는 일본계 미국인의 경제활동에 대한 우려에서 비롯된 것이었다. Lee, 앞의 논문, 2010; Sonia Christina Gomez, "From Picture Brides to War Brides: Race, Gender, and Belonging in the Making of Japanese America," Ph. D. Diss., University of Chicago, 2018.

44 천연희와 송정윤의 사진신랑들은 모두 이 사례에 해당한다.

으로써 가족들을 돌보기도 했다. 그에 따라 한인 사진신부의 가족관계는 모계 중심으로 형성된 사례가 적지 않았다.

> "(중략) 어머니의 인생은 한 단어로 요약할 수 있다. 희생. 그리고 어머니는 일하고, 일하고, 또 일했다. 어머니는 사진신부로 하와이에 오자마자 일을 시작했고, 집에서는 집안일을 도맡아 해야 했다. 우리 모두 사탕수수밭에서 일했고 겨우 먹고살았다. 아버지는 장남이었기 때문에 어머니는 할아버지, 할머니와 어린 삼촌들도 돌봐야 했다. 아버지는 겨우 6학년까지만 학교에 다녔다. 어머니는 군대 근처의 양장점에서 바느질하면서 일감을 집에 가져와 밤늦게까지 집에서 바느질했다."[45]

1914년 하와이로 이주한 사진신부 송정윤은 사진신부로서는 드물게 시부모와 함께 살았다. 그녀의 신랑은 한인 1.5세대로서 미국 정규교육을 경험했지만, 가족을 돌보지 않고 방탕한 생활을 했다. 결국 그녀는 맏며느리라는 이유로 시댁 가족들의 생계까지 책임졌다.[46]

---

45 한인으로서 최초로 미 서부지역 주 변호사가 되었고 이후 하원의원과 상원의원에 당선된 알프레드 송의 어머니인 송정윤은 사진신부로 하와이로 왔다. 나이 60이 넘어 한국으로 다시 돌아와 고아원을 설립해 전쟁고아의 어머니로 불렸다. 이경원 외, 앞의 책, 46쪽.

46 하와이와 미주 한인사회는 부부 중심의 가족관계를 구성했으므로 식민지 조선과 달리 시댁이 없다는 점에서 가부장적 질서가 약했을 것으로 추정된다.

난민을 포함하는 이주민은 인종 간 위계질서 속에서 자긍심, 명예, 자존감이 훼손되거나 정체성을 무너뜨리는 모욕을 경험한 사례가 많고 그에 대한 부작용으로 우울증, 약물의존, 종교로의 도피, 폭력 그리고 공격성으로 나타나기도 한다.[47] 이는 미국 내 한인이 적지 않게 경험한 것이기도 하며, 특히 한인 남성들에게 빈번하게 나타났다. 이는 단지 한인의 사례로 국한되는 것만은 아니다. 특히 미국에서는 저소득의 이민자 계층일 경우 모계 중심으로 가족관계가 형성되는 사례가 많기 때문이다. 이주민 가정이 모계 중심의 가족관계를 형성하는 경우는 미국 내 아프리카계 이민자 가족에서도 볼 수 있다.[48] 20세기 전반 미주 한인사회는 남성 중심의 젠더 위계질서가 내면화된 사회였고, 여성의 경제적 활동과 함께 변화된 사진신부의 태도는 한인 남성에게 가부장의 권위에 대한 도전으로 여겨졌다.[49] 이는 한인 남성들이 가족으로부터의 존경을 더 요구하는 방식으로 나타나고 남성들의 권위적 태도가 강화되면서 부부의 갈등이 곧 우울증, 알코올, 폭

---

47 유선영, 『식민지 트라우마』, 푸른역사, 2017, 28쪽.

48 이런 맥락에서 오늘날 미국 사회는 FMLA(Family and Medical Leave Act) 같은 법을 통해 여성이 노동시장에 참여함과 동시에 자녀를 양육하는 데 필요한 정책적 지원을 강화하고 있다. 그러나 이러한 정책은 주로 중산층의 백인 여성들에게 그 혜택이 집중된다는 문제점을 노출하고 있다. Roxanne A. Donovan, Andrew L. Piper and Alison N. Ponce, "Walking the Maternal Tightrope: Work and Family in America," *New England Journal of Public Policy* Vol. 22 Issue 1, 2007.

49 제III부에서 논의한 것처럼 한인 남성의 권위주의적 태도는 사진신부들의 부정확한 경어 사용, 곧 언어 문제에서도 드러난다.

력 등으로 표출되었을 가능성을 내포하고 있다.[50] 이러한 측면이 사진신부 가정에서 이혼으로 이어졌을 가능성도 존재한다.

더불어 한인 1세대는 기독교인 비중이 높았는데, 이는 미국에서도 교회 중심의 한인사회가 형성되는 데 일조하게 되었다. 특히 한인 남성들은 손상된 남성성 회복을 위해 종교 활동과 독립운동에 매진하기도 했지만, 알코올 중독이나 도박으로 재산을 탕진하는 사례도 적지 않았다.[51] 사진신부 송정윤의 남편은 알코올 중독, 도박 그리고 폭력 문제까지 있었지만 그녀는 시부모와 남편의 가족들까지 부양하다가 아들이 성년이 되어 미 대륙으로 대학에 진학할 때가 되어서야 비로소 남편과 이혼했다.[52]

한편 사진신부는 도시로 이주한 뒤 본격적으로 노동시장에 진출했다. 〈표 7〉에서 확인할 수 있듯이 한인은 1920년대가 되면서 군부대 지역만이 아니라 호놀룰루 도심지로 대거 이동했다. 호놀룰루 인구변동에서 한인여성의 경우 1910년(108명)에 비해 1920년에 대략 4배(476명)로 증가했고, 1930년에 대략 2배(1,162명)

---

50 김효순 외, 「재미한인교포의 이혼 후 재혼생활에 관한 질적 연구: 청소년기 자녀가 있는 시카고지역의 재혼자를 대상으로」, 『한국사회복지학』 62(2), 2010, 6쪽.

51 이는 주로 한인 남성 독신자들에게 나타나는 문제였을 것으로 추정된다. 당시 미주 한인 언론과 미주 한인 종교기관에서는 도박과 술에 대한 경계를 강조했기 때문이다. 이와 관련된 구체적 사례는 주요섭의 소설 『구름을 잡으려고』에서 등장하기도 한다.

52 첫째 아들인 송호연, 곧 알프레드 송(Alfred H. Song)은 아시아계 미국인으로서는 최초로 캘리포니아 주 의회에 진출하여 하원의원 및 상원의원을 지낸 인물이다. 사진신부 송정윤의 경우 아들이 19세 되던 해, 1939년에 되어서야 비로소 이혼 신청이 승인되었다. 송정윤, 앞의 책, 27-28쪽.

〈표 7〉 호놀룰루 한인 인구의 변화(1910~1930)[53]

(단위: 명)

1910		1920		1930	
440		1,319		2,604	
남성	여성	남성	여성	남성	여성
352	108	843	476	1,442	1,162

이상으로 그 수가 급증했다. 이 시기 한인의 다수가 카팔라마(Lower Kapalama)에 거주했다. 이 지역은 한인타운이라기보다는 호놀룰루에서 비백인 저소득 노동자의 거주지 가운데 하나였고, 농장 생활을 하던 신부들이 호놀룰루로부터 이주해 처음 정착한 공간이었다.

다음의 〈표 8〉에서 확인할 수 있듯이 한인의 도시로의 진출은 농장 노동자가 다수였던 한인사회에서 직업의 다양성을 증가시켰다. 특히 화이트칼라 노동자 수는 1910년 21명에서 1920년 56명으로, 블루칼라 노동자 수는 1910년 158명에서 1920년 371명으로 각기 2~3배 가까이 증가했다. 반면 무직 상태의 한인 수는 1910년 65명에서 1920년 263명으로 4배 가까이 증가했다. 요컨대 한인은 도시로 진출하면서 직업의 양적 · 질적 증가와 함께 실업률도 증가한 것으로 볼 수 있다.

---

53 U. S. Department of Commerce, Bureau of the Census. Thirteenth Census of the United States Taken in the Year of 1930, p. 43.

〈표 8〉 호놀룰루의 한인 직업분포(1910~1920)[54]

(단위: 명)

종류	1910	1920
고급 화이트칼라	9	11
저급 화이트칼라	12	45
영세 자영업자	29	45
숙련 블루칼라	18	83
반숙련 블루칼라	25	45
무숙련 블루칼라	115	243
무직	65	263
미확인	1	12
미분류	47	77
합계	321	824

이와 같이 도시의 새로운 노동조건 속에서 한인 사진신부들의 영역이 농장의 가내서비스업에서 도시의 다양한 직업군으로 확장되었다. 반면 농장 일에 익숙했던 한인 남성 가운데 도시에서 적절한 일거리를 찾지 못하기도 했다.

"남편은 일하기 싫은 날, 아침에 일찍 일어나기 힘든 날은 출근하지 않아 월급이 말이 아니었는데도 나를 의지하는 마음이 있어 소일하며 술을 한두 잔 마시다가 그만 방탕

54 이영민, 「호놀루루 초기 한인집단의 거주지 형성과 정체성의 변화」, 『문화역사지리』 8, 1996, 110쪽 재인용.

하기 시작했고 이쁜 아가씨들이 항상 그의 젊음을 유혹하여 나에게서는 이미 떠난 사람이 되었다. (중략) 종래에는 술집 아가씨들만 태우고 유흥가만 배회하는 위인이 되고 말았다. 1923년 결국 생활난으로 호놀루루〔호놀룰루 — 인용자 주〕에 이사해야만 했다. 와히아와에서 호항〔호놀룰루 — 인용자 주〕로 다시 호항에서만 옮겨 다니기를 네 차례, 13년 사이에 너무나 번거롭고 힘겨운 생활을 했다."[55]

위의 인용문은 사진신부 송정윤의 자서전 가운데 일부다. 노동이민 1.5세대였던 사진신랑의 게으름과 유흥 문제는 결국 가족의 빈곤으로 이어졌다. 경제적 어려움으로 인해 신부들은 경제활동에 더욱 매달릴 수밖에 없었다. 실질적인 가장이 된 사진신부들은 생활고로 고생하다가 결국 이혼을 신청하게 되었다. 송정윤은 아들이 미 대륙의 대학으로 유학 갈 때가 되어서야 이혼했다. 이혼 소송을 하면서 그녀는 남편에게 여러 차례 살해위협을 당했다.

이와 같이 남편에게 혼인 파탄의 책임이 명백했던 신부들은 남편이 이혼에 반대하여 물리적 위협을 가하는 상황에서도 이혼 소송을 시작했다. 사진신부의 도시로의 이주가 계속될수록 한인의 이혼율도 점차 증가하게 되었다.[56] 가령 사진신부의 도시로의

---

55 송정윤은 신랑의 방탕함과 시댁 가족의 생계까지 책임져야 했다. 남편의 폭력과 생활고로 인해 그녀는 오랜 시간 고통을 받았다. 송정윤, 앞의 책, 27-28쪽.

56 하와이 지역에서 한인의 도시 이주에서 자녀교육 문제도 작용한 측면이 있다. 특

이주가 적었던 1913년에서 1916년 사이에 하와이에 거주하는 한인 기혼자 1천 명당 3.7건이었다. 그러나 1920년을 기점으로 사진신부들이 도시로의 본격적인 진출을 시작했고, 그와 함께 이혼율도 증가하게 되었다. 1921년에서 1924년 사이 8.5건이던 이혼율은 1925년에서 1927년 사이 10.7건으로 증가했다.[57] 그러나 사진신부들이 농장을 벗어나 도시에 정착한 이후인 1920년대 후반부터 한인의 이혼율은 다시 감소하기 시작했다.[58]

일본인 노동자의 집단파업으로 한인이 도시로 진출하기 시작한 1920년 초반 한인 사진신랑들은 중년이 되었다. 반면 1910년 이후 십대 중 · 후반의 나이에 미국으로 이주한 한인 사진신부들은 아직 20대였다. 결혼생활과 관련한 한인 사진신부의

히 하와이 농장에서는 고등교육 기회가 없었다. 이는 이승만이 하와이에 건너온 이후 호놀룰루에 한인 기숙학교를 따로 설립하는 등 지속적으로 교육 사업에 매진하게 된 이유이기도 하다.

57 하와이 한인의 이혼율은 패터슨의 책에서 인용했다(Paterson, 앞의 책, p. 239). 이러한 수치는 유배우 이혼율로 산출한 것으로 보인다. 이 시기 조선과 미국의 이혼율이 각각 조이혼율로 산출했기 때문에 각 이혼율을 비교하는 측면에서 이를 다시 산출하면, 1920년대 한인 인구 1천명 당 1.3, 1930년대 3.1을 각각 기록한 것으로 볼 수 있다. 이를 15세 이상 한인 남녀로 다시 산출하면 각각 1.8과 5.3으로 그 수치가 변화한다. 결론적으로 이러한 이혼율 증가는 한인이 1920년 일본인 파업 이후 도시로 이주했고, 도시 이주 이후에 한인의 이혼이 크게 증가했음을 보여준다.

58 당시 조선과 미국의 이혼율도 각각 증가하는 추세였다. 조선의 이혼율에 대해서는 소현숙, 『이혼법정에 선 식민지 조선여성들: 근대적 이혼제도의 도입과 젠더』, 역사비평사, 2017, 92쪽 참조. 미국의 이혼율에 대해서는 U. S. Department of Health, Education, and Welfare Pubic Health Service, Health Resources Administration, National Center for Health Statistics. "100 Years of Marriage and Divorce Statistics United States, 1867-1967," December 1973 참조. 하와이 호놀룰루 한인의 이혼율은 Patterson, 앞의 책, p. 96 참조.

구술은 연상의 사진신랑과 사별한 이후 자신과 비슷한 또래의 남성과 재혼한 사례들이 대부분이다. 또한 일본인 사진신부의 이혼 사례는 미 언론자료를 통해 추적 가능한 반면, 한인 사진신부의 이혼을 추적할 수 있는 신문기사는 아직 없다.

한인의 이혼을 추적할 만한 공식 자료는 없지만, 한인 사진신부의 이혼 과정을 설명하는 자료로 천연희의 기록이 존재한다.

> "내가 이혼하기로 작정하고 로이어(Lawyer) 법률사에게 문의하니 돈이 75원이 있어야 된다 하는데 그 돈이 없었다. 그래서 생각다 못해 마우이(섬)의 하수일 씨의 부인인 형님(고향 사람으로 천연희가 주선한 사진결혼을 통해 하와이로 이주)에게 편지했다. 형님이 답장하기를 네가 마우이에 다녀가라며 선비(배삯)를 보내왔다. (중략) [하수일 씨의 부인이 — 인용자 주] 내가 아이를 낳거나 몸이 편치 않으면 자기 집에 데려다놓고 취로시켜주었다. 그래서 나는 오아후섬으로 나왔지만, 그(사진신랑 길찬록 — 인용자 주)는 아직 마우이에 살기에 내가 메리(딸)를 데리고 그 형님에게 의논하러 갔다. 그래서 형님이 카할루우(Kahalu'u)에 있는 법률사에게 가서 물어보니 마우이에 있으면서 이혼하려면 형님이 말하기를 호놀룰루에 있는 아이들을 가서 데려오라 하신다. (중략) 나는 아이들하고 있기 불편했지만 조금 있다 마우이로 들어갈 작정을 하고 그동안 아이들 옷과 모든 것을 정리해가지고 들어갈 작정이었다. 그러는 동안 선비로 조금 가지고 온 돈이 다 없어졌다.

하수일 씨 형님께 형편에 안 쓸 수 없어 선비로 가져온 돈이 없어졌으니 선비를 또 보내주시라고 염치없는 편지를 했다."[59]

위의 인용문은 천연희가 첫 번째 이혼 당시 정보를 구하고 돈을 마련하는 과정을 구술한 내용이다. 사진신랑이자 첫 번째 남편인 길찬록의 무능함으로 인해 천연희는 이혼을 결심했다. 그러나 그녀는 이혼할 돈이 없었으며 사진결혼을 주선해준 또 다른 사진신부와의 관계를 통해 해결해나갈 수 있었다. 구술에서 확인할 수 있듯이 당시 하와이에서 이혼 소송은 75원이 있어야 가능했다.[60] 그녀는 이혼 소송비를 구하는 일뿐 아니라 이혼의 상담과 결정, 이혼 소송을 담당할 법률가와의 만남과 면담, 양육권을 얻는 방법 등 이혼의 전 과정에서 사진신부 간 인적 네트워크의 도움을 통해 이혼을 진행할 수 있었다.

이혼 외에도 도시로 이주한 한인 사진신부들은 다양한 형태의 교육 기회를 찾아 나섰다. 단적인 예가 미국 도시에 위치한 기독교 기관의 교육이다. 1920년대 한인 사진신부들이 호놀룰루에 모여들면서 미국 YMCA에서는 소수민족 출신 여성 사회복지사로 황혜수를 채용했다. 그녀는 목회자 황사선의 자녀로 조선에서

59 문옥표 외, 앞의 책, 229-235쪽.

60 1903년 고시에 따르면 하와이 사탕수수 농장의 노동자들은 10일 일하면 15원을 받을 수 있었다. 따라서 75원의 돈은 농장에서 50일 이상을 일하고 그 임금을 모두 저축해야 받을 수 있는 금액이었다.

미국의 앨라배마(Alabama)로 유학을 떠나 에센스여성대학에서 학위를 마친 뒤 하와이에 왔다.[61]

호놀룰루 YMCA에서 황혜수는 한인 사진신부들을 위한 프로그램들을 개발하고 지원했다. 무엇보다 그녀는 한인 사진신부들이 미국 사회와의 문화적 친밀도를 높일 수 있도록 유도했다. 그녀는 사진신부들이 미국 문화에 많이 노출되어 익숙해지도록 영어와 가사 수업을 강의했다.[62] 예컨대 영어를 모르는 한인 사진신부들이 도시에 즐비한 상점의 영문 간판을 읽을 수 있도록 영어를 교육했다. 또한 남편으로부터 가정폭력에 시달리는 사진신부들이 미 정부기관에 가정폭력을 고발하거나 가정법원에 이혼을 신청할 수 있도록 도와주었다.[63] 특히 그녀는 가정에서 학대를 당하는 한인 사진신부들을 위해 직접 미국법원에서 출석해 법정 통역사 역할도 수행했다.[64] 요컨대 YMCA는 미국의 기독교 기관이었지만 한인 엘리트 여성을 통해 한인 사진신부들에게 필요한 법과 제도 그리고 언어에 대한 기초적인 교육을 받을 수 있도록 지원했다. 한인 사진신부들은 이러한 기관의 도움을 적극적으로 활용해 스스로를 지키려고 했다. 즉, 한인 사진신부들은 여성 간 인적 네트워크를 바탕으로 도시 생활에 적응해나가며 독립된 가

---

61 황혜수는 '황하수'라고도 불렸다. 이선주 · 로버타 장, 앞의 책, 191쪽.

62 이선주 · 로버타 장, 앞의 책, 193쪽.

63 천연희는 황혜수에 대해 "사진신부들의 어머니" 같은 존재였다고 기록했다. 문옥표 외, 앞의 책, 2017.

64 이선주 · 로버타 장, 앞의 책, 191-193쪽.

장으로서 생계를 책임지며 미국 사회에서 생존하고자 했다.[65]

정리하면 한인 사진신부의 도시로의 진출은 하와이 각 섬의 농장에서 흩어져 지냈던 한인 사진신부들이 호놀룰루라는 도시의 한 공간에 모여 더욱 공고한 한인 사진신부 간 네트워크를 형성하는 계기가 되었을 것으로 생각한다. 이러한 네트워크는 한인 사진신부가 이혼 후 독립된 가장으로서 자립하는 것뿐 아니라 이주여성으로서 미국 사회에 정착하는 데 있어 결정적인 영향을 주었을 것으로 생각한다. 위에서 논의한 것처럼 한인 사진신부들은 농장에서는 시도할 수조차 없었던 이혼을 도시에서는 여성 간 네트워크의 도움으로 실행할 수 있었다. 사진신부의 이혼은 도시 생활에서 새롭게 형성한 사진신부 간 네트워크를 통해 이뤄진 것이기 때문이다. 또한 도시로의 이주는 한인 사진신부들에게 부족한 언어 · 문화 · 교육 자본을 채워나갈 수 있는 계기도 되었다. 도시가 제공하는 교육 프로그램을 통해 한인 사진신부들은 미국 생활에 정착해나갈 수 있는 기초적인 언어와 문화를 배우고 미국의 법과 제도를 이용할 수 있게 되었기 때문이다. 요컨대 이혼 청구와 함께 YMCA의 교육 프로그램 등 도시라는 공간은 한인 사진신부들에게 농장에서 경험할 수 없었던 언어 · 문화 · 교육 자

65 한인 사진신부 간 네트워크는 이들의 디아스포라 공동체를 통해 논의할 수 있다. 이들은 도시 이주 이후 한인 사진신부 집단만의 공동체, 곧 영남부인실업동맹회를 형성했다. 영남 출신 한인여성 중 사진결혼을 경험한 한인 사진신부들은 자매애를 바탕으로 경제적 네트워크를 형성한 이후 이를 통해 모국의 저항운동 참여라는 정치적 연대를 수행하는 공동체 활동을 보여주었다. 노선희, 「한인여성 디아스포라 공동체 연구: 사진신부의 공동체, 영남부인실업동맹회(영남부인회)를 중심으로」, 『여성과 역사』 34, 2021c.

본을 제공해주었다.

2) 한인 사진신부의 변화된 직업 선택

20세기 초 미국에서 아시아 여성 이민자가 참여할 수 있는 경제활동은 매우 제한적이었다. 아시아 여성이 진입할 수 있는 직업은 주로 가내서비스 범주의 노동이었다. 이는 하와이 사진신부뿐만 아니라 미국의 아시아 여성 이민자의 사례에서도 유사했다.[66] 특히 20세기 전반 서구사회의 가사노동 논쟁은 미국을 시발로 해서 첨예하게 드러났다. 1900년에서 1920년 사이 미국에서 가내 하인 수는 절반으로 감소했기 때문이다. 이는 가전제품의 발달로 위생 수준이 높아졌고, 이에 따라 가사 일의 강도가 높아진 것이 한 요인이었다. 그러나 이러한 경향은 오래가지 못했다.

이는 단지 미국만의 상황은 아니었다. 가령 서구에서 가장 먼저 산업화를 이룬 영국의 경우도 마찬가지였다. 20세기 초반 돈벌이가 더 나은 군수산업 일자리로 옮겨갔던 노동계급 여성들

---

66 일본인 사진신부를 포함하는 미국 내 일본 여성 이민자의 노동에 대해서는 Glenn, Evelyn Nakano, 앞의 책, 1986 참조. 특히 20세기 전반 하와이 지역의 아시아 여성 이민자 집단 간 경제활동 비교는 Fan, Carol, "Asian Women in Hawai'i: migration, family, work, and identity," *NWSA Journal*, 8(1), 1996 참조.

이 1920년대 실업률이 높아지면서 다시 하녀로 돌아와야 했기 때문이다. 특히 전간기에는 실업 증가와 함께 가사노동과 관련한 주변부 여성의 숫자가 증가했다. 영국의 경우 가내서비스가 여성 전체 노동자 가운데 1/4에 이르렀고, 여성에게 하녀 같은 가내서비스 직종은 단일직업으로 형성되었다.[67]

그러나 당시 서구사회에서 가내서비스업은 전일제와 공적 영역 업무에 해당하지 않는다는 이유로 주변부 여성의 노동은 진정한 노동으로 여겨지지 않았다. 특히 다민족 국가인 미국의 경우 흑인이나 아시아 여성 이민자들이 가내서비스직을 수행했으며, 이들은 주변노동 또는 주변계급으로 규정되었다.[68] 그러나 1900년에서 1920년 사이 미국 내 가내서비스 참여를 분석해보면, 하녀 수 감소를 아시아 여성 이민자들이 채워준 것으로 확인할 수 있다.[69] 특히 이 시기 하와이에서 일본인 사진신부의 유입은 하녀 등 가내서비스 노동자의 증가와 직접적인 관련성이 있다

---

67 영국의 사례를 미국 내 한인 사진신부의 상황에 그대로 적용하는 것은 부적절할 수 있다. 그러나 20세기 전반 영국의 하녀 논의가 단지 영국의 상황만 보여주는 것은 아니다. 이는 영국과 미국을 포함한 산업화를 이룬 서구 국가에서 젠더에 따른 노동시장의 분절을 엿볼 수 있기 때문이다. 특히 하녀 수의 변동은 20세기 전반에 발생한 세계대전이 노동계급 여성의 경제활동에 미치는 영향을 보여준다.

68 김원, 「근대화 시기 주변부 여성노동에 대한 담론: 식모를 중심으로」, 『아시아여성연구』 43(1), 2004, 182쪽. 이러한 주변계급의 주변노동은 '그림자노동'이라고도 일컬어진다. 이는 산업사회에서 여러 이데올로기가 겹쳐진 현상으로 '돌봄'이라는 미명하에 여성 같은 사회적 약자에게 여러 층위의 억압들이 가해진다는 것이다. 이반 일리치(Ivan, Illich), 노승명 역, 『그림자 노동』, 사월의책, 2020.

69 Glenn, 앞의 책, 1988; 로보섬, 앞의 책, 2012.

고 논의되었다.[70] 이런 상황에서 한인 사진신부들도 인종차별이 구조화된 미국 사회에서 가내서비스 분야의 경제활동에 참여할 수 있었다. 즉, 도시로 이주한 후 '계'라는 비공식 경제활동을 통해 사업자금을 마련하기 전까지 이들은 가내서비스 형태로 노동시장에 참여했다.

도시로 이주한 이후 한인 사진신부들은 여전히 가사노동에서 종사했으나 농장에 비해 도시에서의 직업 선택 폭은 훨씬 다양해졌다. 무엇보다 이전에 비해 소득의 차이가 컸다. 농장과 달리 도시라는 경제 · 사회 · 문화의 인프라가 집중된 공간에서 한인 사진신부들은 세탁소, 노점, 채소장사 등을 통해 더 큰 수익이 기대되는 경제활동에 참여할 수 있었다.

> "한동안 우리 가족은 빅 아일랜드(하와이군도의 섬 — 인용자 주) 코할라의 농장 안에 있는 주택에서 살았는데 그곳에서 내가 태어났다. 부모님은 농장 일을 하면서 돈을 잘 벌지는 못했지만 생계를 이어갈 수는 있었다. 나중에 아버지는 (오아후섬 — 인용자 주) 호놀룰루에서는 생활하기가 더 쉽다는 말을 듣고 가재도구를 모두 챙겨서 호놀룰루로 이사를 갔다. (중략) 그 후 아버지는 와히아와가 가족들을 부양하고 생계를 꾸리기에 좋은 곳이라는 말을 들었고 우리 가족은 (호놀룰루 근처 — 인용자 주) 와히아와로 이사를 갔다. 거기서는 세탁

70 Glenn, 위의 책, 1988.

업에 뛰어들었다. 그것은 힘들고 등골 빠지는 일이기는 했지만 우리 가족은 용케도 해내었다."[71]

위의 인용문은 1913년 사진신부로 하와이로 이주한 박영전의 자녀 에밀리 김 최(Emily Kim Choi)의 구술이다. 그녀의 가족은 빅 아일랜드에 위치한 농장에서 생활하다가 오아후섬으로 이동하게 되었다. 아버지는 호놀룰루로 이주해 식료품 가게와 전당포를 차례로 열었지만, 모두 실패하고 말았다. 이후 군부대가 있는 호놀룰루 부근 와히아와로 이주해 세탁소를 차렸다. 그녀의 가족들은 세탁소의 일을 분담했는데, 큰언니 레이첼은 세탁물을 수거하고 배달하는 운전사를 했고 아버지와 어머니는 빨래를 했다. 둘째언니 플로렌스는 기타 업무들을 처리했고, 그녀는 레이첼 언니를 도와 세탁물을 종류별로 표시하고 분류하는 일을 점검했다. 막냇동생 아이다는 밥을 짓고 때로는 국도 끓이는 간단한 음식 준비를 도왔고, 빨래를 널 시간이 되면 빨래 널기를 담당했다. 그녀의 가족 모두 한밤중까지 일했고, 어머니는 약속한 날까지 세탁물이 준비될 수 있도록 새벽 2시나 2시 반까지 일했다. 생계를 위해 농장에서 도시로 이주한 이후 사업에 실패했던 그녀의 가족은 가족 구성원 모두가 참여한 세탁업을 통해 도시에서 안정적으로 정착할 수 있었다.

---

71 이선주 · 로버타 장, 앞의 책, 200-201쪽.

“그때 이웃이 우리에게 고속도로에서 채소 행상을 차려 보라고 제안해주었어요. 그날은 현충일이었는데 처음에 자동차들이 우리 농작물을 보지도 않고 지나갔어요. 남편은 낙담했어요. 오후쯤 되니깐 차들이 멈추었어요. 다음날은 더 좋아졌어요. 우리는 간신히 수요를 맞추는 수준이었어요. 우리는 장사가 더 잘되기 전까지는 가격을 올릴 생각은 없었어요. 우리는 일반 가게와 같은 가격에 우리 채소를 팔았어요. 당시는 그럭저럭 버틸 만했어요. 그리고 단골고객이 생기기 시작했어요. 우리의 상품이 충분치 않을 때 단골들은 물건을 주문하지 않았어요. 우리가 상품을 사 오던 가게에서 이제 우리에게 물건을 사러 왔어요. 우리 물건이 훨씬 신선하고 좋았으니까요. 사업은 매일매일 커져갔어요. 우리는 수요를 따라가지 못하는 수준이 되었어요. 주문량이 늘어났을 때 이웃의 농장을 사들였어요.”[72]

사진신부 김명숙과 김신숙은 친자매로 사진결혼을 통해 미국으로 이주해 각각 시애틀과 시카고에 거주했다. 위의 인용문은 1924년 이주한 김신숙의 구술이다. 그녀는 처음에는 남편 그리고 두 명의 한인 노동자와 함께 몬태나의 농장에서 일했다. 그러나 농장 일은 이윤이 크지 않았고 이후 그녀와 가족들은 미국의 대도시 중 하나인 시카고로 이주했다. 시카고에서 우연히 고

---

72 Shinn Sunoo, 앞의 책, p. 216.

속도로 길가에서 채소 행상을 시작하게 되었다. 고속도로 채소 행상은 그녀의 가족에게 큰 소득원이 되었으며, 시카고에서 집을 구매하고 농장을 사들이고 자녀들 교육도 할 수 있었다. 그녀는 당시 채소 행상 일에 대해 힘들지 않았다며 다음과 같이 말했다. "언니랑 저는 웃으면서 얘기했어요. 우리는 미국에 나중에 왔어야 했다고. 저는 제가 고생했다고 생각하지 않아요. 물론 새벽 7시부터 자정까지 일하고는 했지만, 우리 언니에 비하면 저는 고생한 것도 아닌걸요."[73]

그녀의 언니인 사진신부 김명숙은 1916년 시애틀로 왔다. 그녀도 남편과 함께 몬태나에 가서 농장을 운영했다. 그러나 그녀의 남편은 막내, 곧 여덟 번째 자녀가 태어날 때 세상을 떠났다. 이후 그녀는 트럭으로 생계를 유지했다. 자녀들과 차례로 운전해가며 채소 같은 상품들을 상점에 실어다주는 일을 했다. 이후 제2차 세계대전이 발발하고 나서 그녀의 가족은 오리건 지역으로 이주했고, 이후 동생 부부도 오리건으로 이주해 함께 거주했다.[74] 이와 같이 한인 사진신부들은 하와이와 대륙의 농장을 떠나 도시로 이주하여 경제활동 영역을 넓힐 수 있었다. 농장에서의 경제활동이 한인과 아시아인을 대상으로 한 것과 달리 도시에서의 경제활동은 여러 인종과 민족으로 확대되었으며, 경제활동의 대상이 다양해짐에 따라 이들의 소득 규모도 농장에서 일하던

---

73 Shinn Sunoo, 앞의 책, p. 290.

74 Shinn Sunoo, 앞의 책, pp. 291-292.

〈표 9〉 호놀룰루 한인여성 직업분포(1930)[75]

(단위: 명)

분야	항목	인원
농업/광업	임금노동자	2
제조업	공장노동자	32
교통 및 통신	전화교환수 등	2
무역업	가게 점원/소매업 등	5
전문직	사회복지사/교사/간호사 등	23
가내서비스업	이발사/세탁업/하녀 등	52
점원직	서점 직원/타이피스트 등	4
합계		120

시기보다 증가했다.

〈표 9〉는 1930년 호놀룰루에 거주하는 한인여성의 직업을 보여준다. 1930년 호놀룰루 전체 한인여성 수(1,102명)에 비해 직업을 가진 것으로 조사된 한인여성 수(120명)는 많지 않다. 1930년의 조사에서 호놀룰루에 거주하는 한인여성 가운데 전문직에 종사하는 인원은 23명으로 그 수가 결코 적은 것이 아니었다. 그러나 아시아 여성 이민자인 한인여성의 직업 분포는 저임금 분야, 특히 제조업이나 가내서비스업에 더 집중되어 있음을 확인할 수 있다. 미 센서스 자료에서 드러나는 것처럼 다수의 사진신부들은 직업 선택의 폭이 상대적으로 늘어났으나 여전히 많은 수가 저임

75 U. S. Department of Commerce, Bureau of the Census. Thirteenth Census of the United States Taken in the Year of 1930, p. 92.

금의 직업군에 종사했다.

또한 이 시기 호놀룰루 지역의 한인은 하숙집 같은 숙박업을 통해 경제활동을 한 것으로 알려져 있다. 당시 한인의 법적 지위는 1952년 법이 개정되기 전까지 '시민권을 취득하기 부적합한 외국인' 신분으로서 사진신부에게 제도권 금융을 통한 대출은 거의 불가능했다.

> "몇 해가 지나 어머니(몰리 민 — 인용자 주)는 카이무키의 시에라 드라이브(Sierra Drive)에 집을 한 채 샀다. 그 집은 방도 여러 개 있는 크고 좋은 집이었으며, 우리 가족은 거기서 매우 안락하게 살았다. (중략) 어떻게 했는지 어머니는 하와이 은행의 신용 담당 부장을 알고 있어서 그 사람을 통해 돈을 빌릴 수 있었다. 그 후로도 여러 번 그 담당 부장은 어머니에게 선뜻 돈을 빌려주었고, 어머니는 언제나 융자금을 꼬박꼬박 다 갚았다. 그 얼마 뒤에는 '크레이터 로드(Crater Road)'라고 부르는 다이아몬드 헤드(Diamond Head) 맞은편의 더 큰 집을 샀다."[76]

위의 인용문은 한인기독교회에서 목사로 재직했고 한인 기독학교의 교장으로도 근무한 민찬호 목사의 아내 몰리 민(Molly Min)에 대한 아들의 구술이다. 몰리 민은 평양 출생으로 미국인

---

76 로버타 장 · 이선주, 앞의 책, 83쪽.

선교사의 후원으로 미국 신학대학을 졸업했다. 그녀는 민찬호 목사와 결혼한 후 하와이에 정착한 미주 한인사회의 엘리트 여성이었다. 그녀의 아들 토마스는 어머니의 경제활동에서 하와이 은행의 대출이 큰 역할을 했다고 증언하고 있다. 위의 사례에서 확인할 수 있듯이 한인 엘리트 여성 몰리 민은 시민권이 없는 상태에서 은행 대출을 통해 하숙집을 마련했다. 그렇다면 몰리 민처럼 교육자본이 없는 한인 사진신부들은 어떻게 하숙집을 마련할 수 있었을까?

호놀룰루 지역의 사진신부들은 '계(契)'모임을 통해 사업자금을 만들어갔다. 하와이에서는 한인 엘리트 여성들도, 한인 남성들도 계모임을 한 것으로 알려져 있다. 다른 인종에 비해 낮은 지위에 있던 한인 사진신부 집단은 계모임에 더 적극적으로 참여했을 것이다. 계에서 유통된 자금은 금융권에서 대출받을 수 없는 금액이었는데, 이 때문에 소비성 가계자금보다 사업자금으로 활용된 사례가 많았다. 당시 한인 사진신부들은 곗돈을 사업자금으로 변환시켜 호놀룰루 펀치볼(Punchbowl) 지역에 하숙집을 마련했다. 물론 자신의 명의가 아닌 미국에서 태어나 자동으로 시민권이 부여된 자녀 명의로 부동산을 구입했고, 하숙집 경영은 사진신부들의 소득 증대를 가져다줬다.

"우리 친구(사진신부 — 인용자 주)들 중에 우름(room) 집세 놓는 사업을 하는 이가 있다. 일본 사람들은 조그만 가게 전방을 내고 오 전, 십 전 장사를 한다. 시간이 지루하다. 아침

6시에 가게 문을 열고 밤 9시에 가게 문을 닫는다. 한인은 시간이 지루하여 그리 참고 하기 싫어한다. 한인은 집 세놓는 장사를 좋아한다. 집 세놓는 장사는 아침에 시작하여 치워주면 오후 2시면 다 할 수 있고 시간이 남는다. 그 시절에는 청국(중국) 사람이나 백인 사람이 집을 몇 해 약조하고 세를 사서 방을 꾸미고 세를 놓아 이익을 노는 것이다. 여관을 만든 것이다. 우리 한인 동포들이 그 사업을 많이 잘하여서 돈을 많이 모았다."[77]

위의 인용문은 하숙집으로 시작해 호텔로 사업 규모를 넓힌 사진신부 천연희의 구술인데, 당시 하와이에서는 일본인과 한인 모두 숙박업에 종사했던 것으로 확인할 수 있다. 천연희가 지적한 것처럼 일본인보다 한인의 영업방식이 수익을 창출하는 데 더 용이했다. 호놀룰루 지역의 한인 가운데 숙박업에 종사한 이들이 많았다. 또한 천연희의 사례처럼 펀치볼의 여관업에서 호놀룰루 도심지의 호텔업으로 업종의 변화와 함께 규모의 확대를 이룬 사진신부들도 있었다.[78] 당시 호놀룰루는 군부대의 영향으로 미 본토뿐 아니라 외국에서 많은 사람이 오가는 곳이었기 때문에 호텔업은 성황리에 운영되었다. 전쟁 이후 호텔업은 시들해지고 화훼

---

77 이덕희, 앞의 논문, 2014.

78 당시 사진신부뿐 아니라 한인 가운데 많은 수가 호놀룰루의 여관업에 종사했다. 또한 현순의 자녀인 현앨리스도 이 시기 호놀룰루에서 여관을 운영하며 가족경제를 책임졌다고 알려져 있다. 정병준, 『현앨리스와 그의 시대』, 돌베개, 2015.

산업이 유행했다. 당시 자본의 여유가 있었던 한인 사진신부들은 호텔을 정리하고 카네이션 농장을 임대해 운영했다.

이와 같이 사진신부의 계모임은 아시아 여성 이민자에게 가내수공업에서 여관업(혹은 호텔업)으로, 이후에는 카네이션 농장 운영으로 직종을 변경할 수 있는 기회자금을 제공했다. 또한 이러한 기회자금을 통한 직종의 변화는 한인 사진신부들이 타 인종 및 민족 출신의 사람들과 새로운 관계를 형성시키는 계기도 되었다.

> "우리가 한포드(Hanford)에서 호텔사업을 할 때 기억해? 한 친절한 미국 여성이 나를 도와주었다. 그녀는 내가 〔이민자로서 호텔을 운영하는 데 있어서 — 인용자 주〕 공증을 받을 수 있도록 서류들을 준비해주었다. 당시 나는 한인에게 어떤 조언도 구하지 않았다. 그 여성은 '당신이 돈이 없을 때 사회보장연금에 돈을 넣을 필요는 없어요'라고 알려주었다. 나는 그 이후에도 그 여성을 지켜봤는데, 그녀는 매달 35불씩 연금을 납입하고 있었다. 나는 돈을 많이 납입할수록 나중에 돈을 더 받을 수 있다고 들었다."[79]

위의 인용문은 1917년 하와이로 이주한 사진신부 선우경신의 구술이다. 사진신랑인 남편은 알코올 중독과 도박 문제가 있

79 Shinn Sunoo, 앞의 책, p. 123.

었고 농장에 그녀를 남겨두고 떠나버렸는데, 그녀는 살아남기 위해 LA로 이주했다. 그곳에서 두 번째 남편을 만나 미 서부지역에 정착했다. 위의 구술은 미 서부지역의 한포드라는 도시에서 남편과 함께 호텔을 운영할 때 만났던 미국 여성에 대한 경험이다. 그녀는 농장을 떠나 도시로 이주하면서 새로운 직업을 선택하게 되었고 자연스럽게 미국 여성과의 사회적 관계를 형성하게 되었다.

요컨대 미국 이주 초기에 한인 사진신부들은 한인을 포함한 아시아인과의 관계가 이들이 형성할 수 있는 사회관계의 전부였던 반면 도시로의 이주 이후 거주지, 직장, 직업의 다양화에 따라 이전보다 다양한 인종, 계급 출신의 사람들과 관계를 맺을 수 있었다.

그러나 이들의 도시에서의 확장된 사회관계 역시 인종 간 위계질서에 노출된 것이었다. 이는 당시 한인 사진신부뿐 아니라 한인 남성도 마찬가지였다. 미 서부에 위치한 남가주대학교에 진학하고 이후 배우로 활동한 안창호의 첫째아들인 안필립은 미국 사회의 인종적 위계에 대해 다음과 같이 말했다. "그 당시 동양인은 모든 일에서 배척되었고 노골적으로 차별이 있었다. 지금은 자신의 능력에 따라 직업 선택이 가능하지만, 그 당시에 동양인은 막노동과 서비스 업종에만 종사할 수 있었다."[80] 그뿐만 아니라 이는 미국에 유학 온 한인 엘리트 여성들도 마찬가지였다.

---

80 이경원 외, 앞의 책, 159쪽.

"그(신마실라 — 인용자 주)는 견본을 하나하나 쳐들어 보이고 그 효능을 자랑하면서 선전하는데 거기서는 신마실라가 딴 사람처럼 보였다. 에스터는 (중략) '나는 죽어도 그 노릇은 못 하겠어.' (중략)"[81]

당시 고등교육기관이던 이화학당 제1회 졸업생이었던 신마실라는 1919년 미국으로 유학을 떠났지만, 미국의 대학교수 집에 거주하며 교수 가족을 위해 빨래를 해주는 하녀 일로 간신히 학교를 졸업했다. 대학을 졸업한 이후에도 그녀는 생계를 위해 뉴욕 길거리 한복판에서 행상 일을 할 수밖에 없었다. 즉, 안필립과 신마실라의 사례처럼 엘리트 출신 한인 남성과 한인여성조차 20세기 전반 미국 사회에서 인종적 위계질서로부터 자유롭지 못했다.

요약해보면, 한인 사진신부들은 도시로의 이주 후 노동시장에서 직종 선택의 폭이 넓어졌다. 농장과 도시에서 이들은 주로 가내서비스업에 종사했지만, 한인 사진신부들 가운데 호텔업·화훼산업으로까지 진출한 이들도 있었다. 특히 '계' 활동은 이들이 자본을 유통시켜 숙박업으로 직종을 변경하는 데 기여했다. 그러나 도시 진출 직후 한인 사진신부들은 자신의 생존과 가족의 생계를 위해 노동시장 내 주변부에 위치한 직종으로 진입했기 때문에 인종 간 위계질서로부터 여전히 자유롭지 못했다. 즉, 농장

81 김성은, 「1920-30년대 여자 미국유학생의 실태와 인식」, 『역사와 경계』 72, 2009, 203-204쪽.

의 인종 · 민족 간 위계질서를 벗어나 도시로 진출했던 이들은 가족들과 자신의 생존을 위해 또다시 노동시장에서의 위계질서를 수용함으로써 가족의 생계를 책임질 수 있었다.

3.
이주여성의 자기보호와 승인

농장을 떠나 도시로 이주한 한인 사진신부들은 인종과 계급적 위계질서 속에서 자신과 가족을 지키려고 다양한 경제활동을 전개했다. 특히 이들은 유색인종 출신 하층계급이 하던 직업에 종사하면서 인종 불평등과 젠더 불평등에 직면하게 되었다. 이런 상황에서 한인 사진신부들은 한인사회와 절연하기보다는 한인 네트워크를 유지했다. 즉, 자신과 가족 구성원의 생계를 유지하기 위해 미국인이 원하지 않는 노동에 종사하고 비백인 지역에 거주해야 했다. 그뿐만 아니라 재미 한인은 태평양전쟁에 직간접적으로 연루되었다. 특히 시민권 획득 등 미국 내 인종적 위계 속에서 자신과 가족을 보호하기 위한 다층적인 맥락 때문에 전쟁 참여가 이루어졌다.

1) 인종차별과 자기보호의 논리

한인 사진신부들은 도시로 진출했음에도 언어, 문화, 제도화된 인종차별로 한인사회 외부로의 관계를 확장하는 데는 한계가 존재했다. 도시에서 인종차별에 빈번하게 노출된 것은 이들에게 유색인종 집단거주지(Enclave)로 스스로의 행동반경을 제한하도록 강제했다. 당시 미국 사회의 인종차별 원인을 분석해보면 백인집단을 우선시하는 인종적 위계질서에서 기인한 것으로 볼 수 있다. 20세기 초 미국 사회는 백인 남성 중심의 사회문화적 분위기 속에서 백인집단을 중심으로 한 인종차별이 구조화된 상태였기 때문이다.

> "딸 코니가 열두 살 되던 해 샌프란시스코로 이사했다. 집을 구하는 게 정말 힘들었다. 모든 아시안은 그랬다(당시 이탈리아 출신 이주민 집단을 포함하는 백인은 자신의 거주지 주변에 아시아인이 이주하는 것을 허용하지 않았기 때문이다 — 인용자 주) 우리는 흑인처럼 미움을 받았다. 미국인은 우리를 '더러운 일본인'이라고 불렀다. 우리는 한국인이니깐 그건 문제가 되지 않았다. 그 말은 욕처럼 쓰였다. 가끔 내가 왜 내 나라를 떠났을까 생각했다. (인종차별에 대해 — 인용자 주) 내가 할 수 있는 일은 없었다. 거리를 걸으면 그런 욕이 들렸다. 가게에서 자주 종업원들이 우리의 존재를 무시하는데, 그때 수치스럽다고 느껴졌다. 우리는 그냥 (그 가게를 — 인용자 주) 나오곤 했다. 우리는

항상 중국인 식당을 이용했다. 나는 미국 음식을 좋아했지만 백인이 운영하는 식당에 들어가는 건 무서웠다. 샌프란시스코에는 많은 사진신부들이 있었다. (당시 한인 사진신부들에게 샌프란시스코는 — 인용자 주) 살기에 가장 나쁜 곳이었다. 수치심을 느끼고 돌팔매질의 대상이 되는 게 일상이었다."[82]

인용문은 1913년 샌프란시스코로 이주한 사진신부 김석은의 진술이다. 20세기 전반 미 서부지역에서 아시아인에 대한 차별은 거주지를 제한하고, 심지어 길거리와 상점에서 배척되며, 식당조차 마음대로 들어갈 수 없었다. 노동시장에서 직종만이 아니라 이와 같은 거주공간과 공적영역에서의 차별은 이들의 자유로운 이동과 활동을 제약했다.

"샌프란시스코로 이주한 이후 나는 레스토랑에서 일한 거 외에는 한 일이 없었다. 처음에는 언어를 이해하거나 음식의 이름을 몰랐다. 나는 다른 사람들에게 음식의 이름 목록을 적어달라고 부탁한 후 그걸 다 외워버렸다. 공부하고 싶었기 때문에 내 마음은 슬펐다. 공부하는 대신에 결혼했고 언어와 음식 이름을 이해하지도 못한 채 레스토랑에서 일했다. 나는 고생을 많이 했다. 가끔 울기도 했다. 언어의

82 김석은의 인터뷰 내용 발췌. Shinn Sunoo, 앞의 책, p. 80.

장벽으로 인해 초기 이민 온 여성들도 많이 울었다."[83]

"아이들과 달리 나는 인종차별을 맞닥뜨린 적은 없었다. 나는 아시아인과만 어울렸기 때문이다. (중략) 초창기 미국 생활에서 가장 기억나는 것은 바로 바보처럼 느껴진다는 것이었다. 왜냐하면 영어를 전혀 몰랐기 때문이다. 내가 말을 할 수 있는 유일한 시간은 한인과 함께 있는 때였다. 처음에 나는 집 밖을 나가는 게 두려웠다. 미국인을 만나게 되면 그들의 키와 그들의 다른 옷차림에 놀랐다. 외출하는 건 재미가 없었다. 내가 집 밖으로 외출하는 유일한 이유는 한인을 만나는 것이었다. 나에게 바깥세상은 전혀 흥미롭지 않았다."[84]

첫 번째 인용문은 1915년 미 대륙으로 이주한 신선희의 구술이다. 그녀는 생계를 위해 식당에서 일하는 것 이외에 다른 인종이나 민족과의 사회적 관계를 형성하지 않았다. 이는 언어적 장벽과 함께 아시아 여성 이민자로서 인종차별에 대한 두려움이 컸기 때문이다. 사진신부들 가운데 부모의 지원으로 결혼하고 미국으로 이주하기 전 부모의 후원으로 영어 과외를 받아가며 영어를 학습한 이들도 있다. 신선희도 그들 가운데 한 명이었다. 그

83 신선희의 진술 발췌. Shinn Sunoo, 앞의 책, p. 61.

84 강경수의 인터뷰 내용 발췌. Shinn Sunoo, 앞의 책, p. 88.

러나 그러한 학습으로는 언어 습득이 충분하지 않았다. 신선희의 경우 학업에 대한 열망이 컸기 때문에 미국으로 왔고, 미국 생활이 안정된 이후 정규교육을 받았으며 미국 대학입학 허가까지 받았다. 그녀가 고등학교를 졸업했을 때 그 지역에서 가장 나이 많은 학생으로 신문에 기사화됐지만, 한인사회 이외에는 사회적 관계를 맺지 못했다.

두 번째 인용문은 1923년 샌프란시스코로 이주한 사진신부 강경수의 구술이다. 그녀도 한인교회 등 한인공동체라는 공간 안에서 제한된 삶을 살았다. 위의 두 사례는 언어적 장벽뿐만 아니라 인종 · 문화의 차이 때문에 스스로 공간을 제한한 경우다.

위의 사례들처럼 미국 이주 초기부터 대륙으로 건너온 신부들도 있지만, 하와이 사진신부로 시작하여 미 대륙으로 건너온 경우들도 있다. 그중 평양 출신 사진신부 강성학은 하와이 농장생활을 거쳐 이혼 후 자녀들과 함께 미 대륙으로 넘어왔다. 그녀는 한인이 중심이 된 농장에서의 생활이 인종차별로부터 자신을 지켜주었다며 다음과 같이 말했다.

> "(중략) 우리는 언어를 몰랐다. 그래서 우리 한인끼리 모여 살았다. 그건〔농장에서의 한인사회 — 인용자 주〕 우리를 바깥세상의 인종차별로부터 보호해주었다. 우리는 〔농장에서 — 인용자 주〕 떠날 생각도 없었고 허락도 구하지 않았다."[85]

---

85 강성학의 구술 내용 발췌. Shinn Sunoo, 앞의 책, pp. 301-302.

미 대륙에 거주한 한인 사진신부들은 하와이 신부들에 비해 인종차별에 대해 더 민감하게 반응했다. 이는 하와이와 미 대륙의 인종차별 경험이 달랐기 때문이다. 특히 하와이에서 결혼생활을 시작했던 사진신부들은 미 대륙에서의 인종차별을 더 심각하게 받아들였다.

이는 하와이와 미 대륙의 한인사회는 그 규모와 형태가 달랐기 때문이다.[86] 하와이에서 한인은 농장이나 도시에서 집단거주지(Enclave)를 형성해 살았다. 이는 미 대륙도 마찬가지였다. 그러나 하와이와 미 대륙의 면적은 차이가 컸고, 한인이나 사진신부도 그 수에 있어서 차이가 컸다. 또한 하와이에 비해 미 대륙은 한인의 인구밀도가 낮았기 때문에 미 대륙에 거주하는 한인은 하와이에 거주하는 한인에 비해 인종차별에 노출되기 쉬웠다.[87]

> "(미 대륙의 — 인용자 주) 몬태나(Montana)는 백인사회이고 우리는 백인사회와 동떨어져 살았다. 백인 지역에서는 방을 구할 수 없었고, 누구도 우리를 고용하지 않았기 때문에 직

86 미 대륙의 광범위한 지리적 환경으로 한인 단체들이 발달했다. 그 가운데 국민회는 규모가 크고 지역별 네트워크가 발달하여 한인에게 큰 도움을 주었다. 샌프란시스코 천사도에서 발생한 한인 난민 사례를 논의한 리(Lee)는 미국 이민국에서 국민회는 마치 한인의 정부기관 같은 역할을 담당했다고 주장했다(Erica Lee & Judy Yung, 앞의 책, 2010). 이와 유사하게 대륙의 사진신부들도 당시 국민회는 미주 한인에게 정부 같은 존재였고 그들이 수행한 업무들로 인해 한인은 보호를 받았다고 구술했다. Shinn Sunoo, 앞의 책, 2002.

87 태평양전쟁 시기 하와이 한인도 심화된 인종차별로 고통을 받았다. 한인은 한인임을 입증하는 배지를 휴대해야 했고, 사진신부들도 한인임을 입증하기 위해 치마저고리를 다시 입었다. Yoon, 앞의 책, p. 116.

장을 얻는 것도 불가능했다. 한인 외에 다른 아시아인은 없었다. 그래서 몬태나에서는 소작농으로 살아가는 것이 돈을 버는 유일한 방법이었다. 몬태나의 백인은 주로 독일, 프랑스, 영국, 그리고 아일랜드에서 온 유럽 출신 백인이 대부분이었고 아시아인을 노골적으로 차별했다. 나는 어릴 때부터 우리가 그들과 다르다는 것을 체감하면서 성장했다. 그들은 우리가 다르다는 것을 확인시켜줬다. 부모님은 인종차별을 당하면서도 대응하지 못했다."[88]

위의 인용문은 1916년 18세의 나이로 시애틀로 이주한 사진신부 이엘렌의 자녀 이루이의 구술이다. 몬태나처럼 백인이 다수 거주하던 지역은 아시아인 수가 적었기 때문에 아시아인 수가 많았던 하와이나 미 서부지역과 달리 한인은 인종차별에 그대로 노출되었다. 가령 이루이의 아버지는 소작농이었기 때문에 어린 시절 그의 가족은 미 대륙의 여러 지역으로 옮겨 다녀야 했다. 이런 잦은 이주는 미국의 토지법이 아시아인의 토지 소유를 제한했기 때문이다. 이루이가 경험한 인종차별은 학교에서는 친구들뿐 아니라 교장선생님으로부터, 그리고 교회에서는 교인들뿐 아니라 목사에 의해 지속적으로 이루어졌다. 즉 미국 내 인종차별은

---

88 사진신부의 아들인 이루이의 인터뷰 내용 발췌. 이경원 외, 앞의 책, 205쪽. 태평양전쟁에 참전한 미주 한인을 연구한 장경호에 따르면 형제들이 참전한 사례가 많고 그들의 아버지는 독립운동에 적극적으로 참여한 경우가 많았다. 장경호, 앞의 논문, 218쪽.

법 같은 제도에서 구조화된 상태였고, 학교나 교회 같은 공공장소에서도 빈번하게 이뤄졌다. 이런 측면에서 사진신부와 그의 자녀들은 사회 전반에 걸친 인종차별에 그대로 노출되어 있었으며, 자신들을 보호하려고 한인사회와 한인공동체 내부로 침잠했다.

2) 한인 네트워크와 사진신부의 공동체

앞서 살핀 도시 공적영역에서의 인종차별과 위계질서가 사진신부에게 한인공동체에 머물도록 강제했다. 한인공동체 내 양성 관계에서 불평등이 지속되었다. 특히 농장뿐 아니라 도시에서도 한인 네트워크에서는 전통적 젠더 위계질서에 의해 지배되었다.

미주 한인사회의 경우 한인여성이 여러 지역에 흩여져 살았기 때문에 여성단체 활동은 소규모로 이뤄졌다. 이들은 3 · 1절 같은 날에 샌프란시스코나 LA에 모여 행사나 퍼레이드를 함께 준비했다. 반면 하와이의 경우 '하와이부인구제회'라는 대표적인 여성단체가 있었다. 이 단체는 당시 하와이에 거주하는 한인여성의 다수가 구성원으로 활동했고, 각 섬에 지부가 존재했다. 하와이부인구제회는 각 섬의 지부마다 임원들이 있었고, 회원들은 모두 회비를 냈다. 특히 구제회는 호놀룰루에서 정기적으로 전체 모임을 갖는 방식으로 진행되었다. 이 단체는 이승만으로부터 시작되었는데,[89] 이는 하와이의 여성단체가 남성 지도자의 리더십 아래 조직되었고 그 활동이 이루어졌음을 추정케 한다.[90]

특히 하와이 여성단체에서 남성 지도자의 영향력은 한인교회에서부터 시작되었다. 이주가 본격적으로 시작된 이후 한인공동체의 지도자는 계속 목회자들이었다. 한인이 미국으로 이주한 직후 안정수와 우병길을 대표로 하여 당시 하와이 감리사와 교섭했다. 이후 한인 목회자인 홍승하를 통해 하와이 지역에서 최초로 한인교회를 설립했다.[91] 즉, 한인에게 교회는 종교기관일 뿐 아니라 하와이 각 섬에 흩어진 한인 대표자들의 모임이기도 했다.

사진신부의 최초의 공동체 경험도 바로 한인교회를 통해 이루어졌다. 교회라는 공간은 이민 생활의 고된 노동으로 인한 고통, 사진결혼의 어려움 그리고 미국에서 인종적 · 언어적 장벽으로부터 그녀들을 보호해줄 수 있는 피난처였다. 미 대륙의 한인 사진신부들에게 한국어로 자유롭게 의사소통할 수 있는 유일한

---

89 이덕희, 앞의 논문, 2004; 오은정, 앞의 논문, 2006; 홍윤정, 앞의 논문, 2014; 이덕희, 앞의 논문, 2016.

90 하와이 여성단체 가운데 가장 큰 규모였던 대한부인구제회의 임원명단 변화를 보면 한인여성단체에서 한인 남성 지도자의 영향력을 확인할 수 있다. 가령 1919년부터 1930년까지의 임원명단을 보면 전도부인들이 주요 직책을 맡았다. 이 단체는 당시 한인 남성들 간 정치적 분쟁으로 1931년부터 동지회 측과 국민회 측으로 나누어서 활동했다. 이들의 임원명단을 살펴보면 동지회는 주로 엘리트 여성들이 주요 직책을 맡았고, 국민회의 경우 사진신부들이 임원으로 활동했다. 그뿐만 아니라 구제회의 재정통계를 보면 동지회 측 구제회의 경우 이승만의 대외활동과 개인 비용에 대부분의 회비를 사용했다. 즉 당시 하와이 한인 남성의 리더십은 여성단체의 설립, 활동, 분열 그리고 분열된 이후의 활동까지도 영향을 주었다. 오은영, 앞의 논문, 2006.

91 김원용, 앞의 책, 1959; 장병준, 앞의 책, 2014.

공간이 바로 교회였다.[92]

그러나 노동이민 1세대의 고령화와 함께 사진신부 집단의 도시로의 진출이 맞물리면서 하와이 한인여성단체에서 지도층의 변화가 발생했다. 이 시기는 노동이민 1.5세대 혹은 2세대 가운데 미 대륙에서 유학 생활을 마치고 한인사회로 합류한 엘리트 여성들도 증가하는 추세였다.[93] 즉 사진신부 집단이 도시로 이주한 시기인 1920년대를 기점으로 하와이 한인여성단체는 연장자인 노동이민 1세대, 고등교육을 마친 1.5세대와 2세대 그리고 사진신부 집단이 섞여 있는 상태로 유지된 것이다. 이와 같이 시기에 따른 여성 간 계층의 차이는 여성단체 안에서 지도자와 구성원 간의 변동을 일으켰다. 예컨대 한인여성 공동체 초기에는 남성 지도자 중심의 모임이 점차 전도부인 중심으로 변해갔다. 한인교회에서 경험한 조직생활을 통해 남성 목회자의 지휘 아래 전도부인들이 주도해서 한인여성단체를 설립하게 되었다. 대한부인구제회처럼 남성 지도자에 의해 설립된 여성단체였다 할지라도 그 임원과 구성원들은 여성들이었다. 특히 노동이민 1세대 여성 중심의 공동체는 사진신부의 합류로 조금씩 변화가 발생하는데, 본국에서 고등교육 경험을 가진 신부들이 공동체의 임원으로 부상하게 된 것이다.

---

92 Shinn Sunoo, 앞의 책, p. 88.

93 연구에 따르면 하와이 한인 이민 2세대는 다음과 같은 세대로 나누어진다. 1910년 이전, 1910년대, 1920년대, 1930년대에 태어난 사람으로 구분되는 것이다. 로버타 장 · 웨인 패터슨, 앞의 책, 165쪽.

이후 미 대륙에서 고등교육을 마친 1.5세대 엘리트 여성의 합류는 다시 하와이 여성공동체에 변화를 일으켰다.[94] 엘리트 여성 중심으로 조직 활동이 이루어지게 된 것이다.[95] 이러한 엘리트 여성 집단의 특징 가운데 하나는 이승만 같은 남성 지도자와 밀접한 관계를 유지했다는 점이다.[96] 이는 여성단체의 권력구조가 초기에는 남성 지도자 중심에서 여성으로 변화된 이후에 엘리트 여성의 합류로 다시 남성의 영향 아래 놓이게 된 것으로 볼 수 있다.

한편 도시로 진출한 사진신부들은 미국 생활의 전환점을 맞이하게 되었다. 농장을 벗어난 신부들은 도시에서 새로운 사회적

---

94 20세기 전반 미주 한인사회에서 엘리트 여성과 엘리트 남성은 정치적 영향력에서 큰 차이를 보인다. 이러한 한인 엘리트 여성의 정치적 영향력이 약했던 원인은 바로 사진신부의 존재라는 주장이 있다. 즉 엘리트 여성이 한인사회에서 정치적 영향력을 행사하는 데 있어서 사진신부의 활동이 장애물로 작용했다는 것이다. Heasung Park, 앞의 논문, 2013.

95 한인사회로 유입된 엘리트 여성들이 모두 사진신부들과 경쟁관계였던 것은 아니다. 그중 미국 대학에 진학하여 학위를 마친 후 본국으로 돌아가지 않고 하와이 호놀룰루에 정착한 황혜수가 대표적이다. 그녀는 호놀룰루 YMCA에 취업한 후 한인여성들을 위한 프로그램을 개발하고 지원했다. 특히 영어를 모르는 사진신부들이 영문 간판을 읽는 수업을 개설하고 가정폭력에 시달리는 사진신부들을 도와주었다. 황혜수의 이러한 노력에 대해 천연희는 그녀를 당시 "사진신부들의 어머니" 같은 존재였다고 기록했다. 문옥표 외, 앞의 책, 2017.

96 이는 이승만이 한인 학교의 교장을 역임했기 때문이다. 이승만은 한인소년기숙학교를 시작으로 이후 한인여학교 그리고 한인기독학원도 운영했다. 하와이 1.5세대와 2세대 여성들 가운데 이승만이 운영한 한인학교를 졸업한 이들이 많았다. 그중 가장 대표적인 1.5세대 여성으로 김노디(혹은 손노디)를 언급할 수 있다. 김노디는 이승만의 전폭적인 후원으로 미 대륙의 대학으로 유학 가게 되었고 귀국한 이후에도 이승만을 지지하는 여성 엘리트로 활동했다. 로버타 장 · 웨인 패터슨, 앞의 책, 2008.

관계를 형성하게 시작했다. 그 시작은 농장에서부터 맺어진 친분이었다. 이들은 대부분 자신보다 먼저 사진결혼을 한 사진신부 선배들이자 친구들이었다. 먼저 도시로 이주해 정착한 친구의 도움으로 이들은 집단농장 생활에서 소규모 가내서비스업, 도시의 대규모 공장, 세탁소, 빨래, 양복점 등 다양한 경제 분야에서 일할 수 있었다. 현재 도시 진출 여성 간의 관계를 보여줄 수 있는 사례는 영남부인회다. 부인회는 사진신부들이 사진결혼이라는 공통의 경험과 영남 출신이라는 지역주의를 바탕으로 한 친목 모임이다. 이들은 도시에서 형성한 사회적 관계를 바탕으로 사진신부 공동체를 결성했다. 특히 비공식모임으로 야유회를 진행해 회원 간 친목을 다졌고, 공식모임을 통해 네트워크를 확장했다.[97] 예컨대 부인회 회원들은 자녀나 가족을 동반할 수 있는 형태의 모임을 가졌다. 자녀를 동반한 야유회를 개최하거나 가족들을 초청한 자선 패션쇼가 대표적이었다.[98] 또한 공식모임을 통해 정치적 활동도 도모했는데, 가령 정치활동을 위한 모금운동으로 한인의 전통음식을 만들어 판매하기도 했다.[99] 이들의 정치활동은 남성과

---

97 부인회의 활동과 모임에 대해서는 다음을 참조. 김원용, 앞의 책, 1959; 이원순, 앞의 책, 1989; 이덕희, 앞의 책, 2003; 로버타 장 · 웨인 패터슨, 앞의 책, 2008.

98 1917년 하와이에 온 사진신부 리주재의 자녀 메리 김 함에 따르면 어머니의 동생들인 이모 2명도 사진신부였다. 즉, 어머니의 자매들이 모두 사진신부였다. 그들은 모두 이웃사촌이 되어 함께 지냈는데, 영남부인회의 회원들이었다. 메리에 따르면 어머니와 이모들은 모두 영남부인회 활동에 참여했고, 무대 의상을 입고 참여하는 자선쇼에도 적극적으로 참가했다고 한다. 로버타 장 · 이선주, 앞의 책, 283-296쪽.

99 로버타 장 · 웨인 패터슨, 앞의 책, 2008; 이덕희, 앞의 책, 2003.

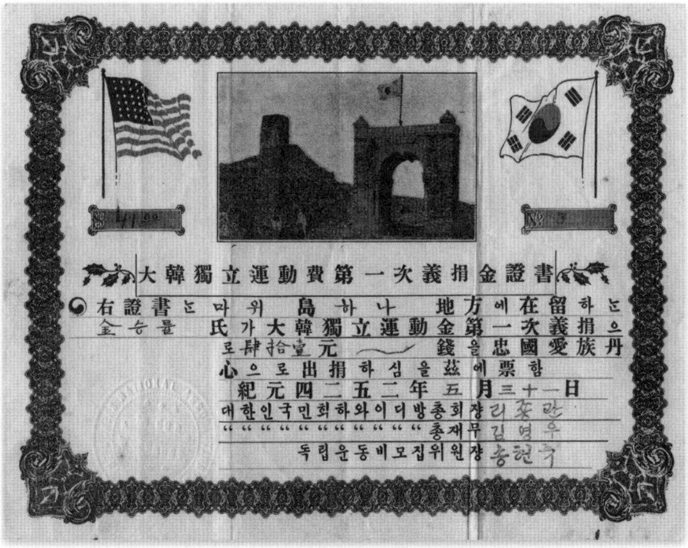
$41.00

№

大韓獨立運動費第一次義捐金證書

右證書는 마위 島 하나 地方에 在留하는
金승률 氏가 大韓獨立運動金第一次義捐으
로 肆拾壹 元 錢을 忠國愛族丹
心으로 出捐하심을 玆에 票함
紀元四二五二年 五月 三十一日
대한인국민회하와이디방총회장
“ “ “ “ “ “ “ “ “ “ “ 총재무 김영우
독립운동비모집위원장

〈그림 14〉 대한독립운동비 의연금 증서[100]
(한국이민사박물관 제공)

의 관계를 통해 이루어졌는데, 예컨대 하와이에서 대조선독립단과 대한인동지회 회장직을 맡았던 이원순(李元淳, 1893~1993)은 임시정부 제2행서 재무위원이었을 때 부인회의 모임에 참석하여 독립자금을 지원받았다.[101]

---

100 위의 의연금 증서는 하와이에 거주한 김승률의 것으로, 1919년 5월 31일에 41달러를 기부한 것으로 추정된다. 독립자금을 지원한 경우 이처럼 의연금 증서를 받았다. 그러나 사진신부들은 의연금 증서를 받기 보다는 이원순과 같은 개인을 통해 독립자금을 전달하였다. 즉 공식적인 자금전달이 아닌 비공식적인 자금전달이었던 것이다. 이는 사진신부들이 독립운동에의 참여를 인정받는데 있어 오늘날까지 어려움으로 작용하고 있다.

101 이원순, 앞의 책, 175-176쪽.

이와 같이 도시로 이주한 한인 사진신부들은 여성단체 활동에서 농장에서부터 시작된 이민 1세대 여성과의 관계를 지속했다. 한인 사진신부만의 모임을 결성한 이후에도 한인 네트워크 활동은 계속되었기 때문이다. 그뿐만 아니라 한인 사진신부들은 도시에서 경제적으로 자립한 이후에도 남성과의 관계를 지속했다. 앞서 소개한 이들의 정치활동은 한인 남성과의 단속적인 관계를 통해 이루어졌기 때문이다.[102]

이상의 한인 네트워크와 한인 사진신부의 공동체 활동을 정리해보면, 도시로 이주한 뒤 한인 사진신부들은 조직결성과 구성에서 과거에 비해 자율적인 면을 보여주었지만, 여전히 한인 독립운동과 관련성 속에서 활동을 전개했다. 앞서 논의한 것처럼 이들은 농장에서는 한인 남성 중심의 가부장적 질서에 순응했고, 도시로 이주한 뒤에도 전도부인 같은 이민 1세대 여성과의 관계도 형성 · 유지했다. 예컨대 사진신부의 공동체인 영남부인회를 결성한 이후에도 대한부인구제회 활동을 지속한 데서 이민 1세대 여성과의 관계를 지속한 것으로 볼 수 있다. 또한 도시로 이주한 이후에도 한인 남성과의 관계를 절연하지 않고 유지했다. 이

102 하와이와 미주 한인여성의 독립운동은 한인 남성 중심으로 한 활동에 의존해 이루어졌다. 그러나 여성운동을 남성 중심적 독립운동에 참여한 것으로 한계를 짓는 것은 다소 부적절하다. 이는 사료의 검토와 함께 논의할 필요가 있다. 그러나 현재까지 밝혀진 자료, 가령 하와이 대한부인구제회의 임원명단과 재정통계에 의하면 남성 엘리트 중심으로 설립, 활동, 분열 그리고 해체된 것으로 확인할 수 있다(오은영, 앞의 논문, 2006). 이런 맥락에서 하와이에서 결성된 영남부인회의 경우에도 사진신부의 공동체였으나 여성 개인의 활동뿐 아니라 한인 남성과의 단속적 관계를 통해서도 활동이 이루어졌던 것으로 추정된다.

원순 같은 남성 지도자와 영남부인회의 모임을 함께한 것에서 이를 확인할 수 있다.

3) 제2차 세계대전의 영향: 인정과 자기보호

20세기 전반 미국 내 한인의 다수는 하와이에 거주했다. 이는 1907년의 행정명령 589호의 영향이 컸다.[103] 행정명령에 따라 한인 노동자는 미 대륙으로의 이주가 허용되지 않았기 때문이다. 한편 하와이 사탕수수 농장에서 호놀룰루라는 도시로 이주한 이후 한인 사진신부의 가족관계에 변화가 나타났다. 특히 이들이 도시의 노동시장에서 자영업과 숙박업 등에 종사하면서 새로운 가족 형태를 둘러싼 문제가 등장하게 되었다.

"저의 어머니(천연희 — 인용자 주)는 하와이 카이에서 12년간 카네이션 화훼농장을 경영하시다가 비숍재단의 새로운 하와이 카이 개발계획으로 인해 코코헤드의 다른 화훼 농업인들과 함께 그곳을 떠나셔야 했습니다. 그 당시 아버지

103 루스벨트 대통령이 1907년 서명한 행정명령 589호에 따르면 일본인과 한인 노동자들은 (하와이나 멕시코 등에서) 미 대륙으로의 이주가 금지되었다. Roosevelt, Theodore, "Entrance of Japanese or Korean Laborers, 589. EXECUTIVE ORDER, the White House, March 14, 1907." In SENATE DOCUMENTS Vol. 12. Washington, Government Printing Office, 1914.

는 이미 돌아가시고 어머니는 혼자 살고 계셨습니다. 자녀들의 집으로 들어가기보다 혼자 생활하시는 것을 더 편안하게 여기셨기 때문이지요. 어머니는 조그마한 임대아파트에서 혼자 사시는 생활에 적응하여 비로소 모든 책임으로부터 자유로워져 자신이 하고 싶은 일들을 하시며 독립적인 생을 마음껏 즐기셨습니다. 그러는 중에도 어머니는 의복 공장에 나가 바느질하는 일을 하시고 시간 나는 대로 손주들을 위해 색실로 침대보를 짜주시곤 하셨습니다."[104]

위의 인용문은 천연희의 딸 메리가 어머니의 삶을 회고한 내용이다. 천연희는 마산의 부유한 가정 출신이었다. 당시 기독교 여학교를 다니다가 1915년 사진결혼으로 하와이에 왔고, 하와이에서 그녀는 두 번의 이혼과 세 번의 결혼을 했다. 첫 번째 이혼은 신랑이 농장에서 생활하고 자신이 자녀들을 데리고 도시로 이주한 이후 별거하던 시기에 이루어졌다.

두 번째 남편은 미군을 상대로 세탁소를 운영하던 미혼 한인 남성이었다. 그러나 딸의 대학진학을 반대하는 두 번째 남편에게 실망하여 그녀는 이혼을 결정했다. 그녀는 딸도 아들처럼 교육을 받아야 한다고 생각했다. 이후 천연희는 자녀의 명의로 하숙집을 구매하여 운영했다. 이후에는 호텔을 구매할 정도로 성공한 사업가가 되었다. 세 번째 남편이었던 미군 출신 백인 남성

104 천연희의 딸 메리의 진술. 문옥표 외, 앞의 책, 12쪽.

과는 호텔사업과 함께 이후 카네이션농장도 운영했다. 그러나 천연희는 세 번째 결혼으로 인해 한인교회에 나갈 수 없게 되었다. 그녀는 주변의 이웃들에게 비난받는 것을 감수해야 했다.

"(이웃의) 청국(중국 — 인용자 주) 여자 이름은 베리다. 일본 사람과 혼인한 여자다. (중략) 그 여자는 백인과 황인 인종 구별을 많이 한다. 로컬 사람 미국 사람을 대단히 가리는 여자다. (중략) 자기네 일꾼으로 필리핀인이 많이 일한다. 그 일꾼들보고 저 여자(천연희 — 인용자 주)가 좋지 못하여 백인과 혼인했다 하고 나를 가십(gossip, 험담)했다."[105]

백인 남성과의 세 번째 결혼은 그녀가 남편과 사별한 이후에도 '백인 남성과 결혼한 여자'라는 낙인이 되었다.[106] 이와 유사하게 한인 사진신랑과 사별한 후 필리핀 남성과 재혼한 한 신부도 이민족과 재혼했다는 이유로 한인사회로부터 외면당했다.[107]

"어머니는 필리핀 남자와 결혼했다고 한국인에게 외면당

---

105 천연희는 노년이 되어 요양원에서 지낼 때도 일본인 여성에게 백인 남성과 재혼했다는 이유로 성매매를 한 여성이라는 모욕을 당했다. 문옥표 외, 위의 책, 615쪽.

106 천연희가 세 번째 남편과 사별한 이후에도 지속적으로 시달린 모욕은 (백인 남성에게) 몸을 판 여자라는 의미였다. 문옥표 외, 위의 책, 613쪽.

107 도로시 김 루디는 사진신부 김옥희(순희)의 자녀다. 그녀에 따르면 35세에 과부가 된 어머니는 필리핀 남자와 사실혼 관계로 지냈다. 그러나 이로 인해 어머니는 한인사회로부터 외면당했다고 구술했다. 로버타 장 · 이선주, 앞의 책, 323쪽.

하셨어요. (중략) 어머니가 필리핀 사람과 결혼한 것만으로도 사람들은 나쁘게 생각했으니까요. (중략) 여기에 만일 셋째딸인 내가 일본인과 결혼한다고 하면 어머니는 한인사회에서 정말 곤경에 처하셨을 거예요. (중략) 그래서 어머니는 내가 오히려 하올레(하와이 원주민 — 인용자 주)와 결혼하는 것이 더 낫다고 생각하셨어요."[108]

위의 인용문은 도로시 김 루디(Dorothy Kim Rudie)의 구술이다. 사진신부였던 그녀의 어머니 김옥희는 35세에 과부가 되었고, 이후 필리핀 남자와 사실혼 관계로 지냈다. 그러나 이로 인해 어머니는 한인사회로부터 외면당했고, 이는 이후 자녀들의 혼인 문제에까지 영향을 주었다.

이와 같이 사진신부의 이민족 남성과의 재혼은 한인사회에서도 그리고 미국 내 아시아인 사회에서도 문제시되었다. 특히 순혈주의적이고 남성 중심의 한인사회에서 한인 사진신부의 이민족과의 재혼과 그 자녀의 이민족 남성과의 결혼은 수용하기 어려웠다. 그러나 한인사회의 분위기와 달리 한인 사진신부의 자녀들은 사진신부인 어머니를 중심으로 가족관계를 형성했다.[109]

---

108 로버타 장 · 이선주, 앞의 책, 324-325쪽.

109 천연희는 무능했던 첫 번째 남편에게 집을 마련해주고 자식들을 모두 교육시켰으며 그들의 직장까지 마련해주었다. 이후 첫 번째 남편이 사망하자 그의 장례식까지 모두 책임졌다.

"〔밥(Robert Given)이 — 인용자 주〕 미드웨이〔Midway, 밥은 미군이었다 — 인용자 주〕 가기 전에 늘 말하기를 혼인하자고 하지만 그때에 내가 한국 여자요, 인종 구별이 많은 고로 나는 한국 여자로 한인 기독교 교인이요, 동지회원이요, 대한부인구제회원으로 대한 예절로 잔뼈가 굵어서 차마 대답이 나오지 않지만, 그때 시절에는 한국 남자가 나이가 많고 자기 자신도 건사하지 못하는 아저씨만 남아 있고 사진혼인하여 여자를 데려와서 자식을 낳고 가정을 이루어 사는 사람들만 있었다. 나는 나이가 젊고〔당시 1938년으로 천연희의 나이는 42세로 추정됨 — 인용자 주〕 자식 다섯을 데리고 여자 혼자서 사업을 해서 도와줄 사람이 있어야 했다. 아이들이 다 어리고 공부시켜야 되므로 하루는 내가 우리 아이들을 모아놓고 의향을 물어보았다. 아이들 대답이 어머니 생각대로 하라 했다. 그러므로 밥이 미드웨이에 가기 전에 이야기하고 미드웨이에서 1년 일하고 돌아오면 혼인하기로 약속했다."[110]

위의 구술은 당시 천연희가 왜 백인 남성과의 세 번째 결혼을 결심했는지 설명하고 있다. 그녀는 다섯 명의 자녀가 아직 어리고 사업을 지원해줄 수 있는 남성이 필요했다. 그녀는 자신이 '한국 여성'이자 '한인 기독교 교인'이고 '동지회'와 '대한부인구제회' 소속으로서 예절이 있는 여성이라고 강조하고 있다. 그만

110 문옥표 외, 앞의 책, 399쪽.

큼 20세기 전반 하와이에서 한인여성이 백인 남성과의 결혼을 결정하는 것이 결코 쉽지 않았음을 보여준다. 이처럼 한인사회에서 국제결혼을 기피하게 된 배경에는 순혈주의의 문제가 있었다.[111] 그러나 천연희의 사례에서 보이듯이 여러 불이익에도 사진신부들이 국제결혼을 선택한 배경은 자신과 자식들의 생계와 자녀교육을 위한 안정적 가족 형성에 대한 욕구가 작용했다.

태평양전쟁이 발발한 이후 가족관계에 또 다른 변화가 일어났다. 미국 내 인종차별이 더 심화되자 일본인과 유사한 외모를 지닌 한인은 더욱 강화된 인종차별에 노출되었다. 전쟁의 광풍이 미국을 휩쓴 시기 동안 하와이와 미 대륙에 거주하던 한인은 이전보다 더 혹독하게 인종차별을 경험하게 되었다.

> "샌프란시스코는 백인 지역과 아시안 거주 지역이 분명하게 구분되어 있었고 〔태평양전쟁 시기 — 인용자 주〕 반일 감정이 최고조에 달했다. 어느 날 아버지가 백인과 아시안 경계 구역인 부시 거리를 걸어 넘어갔는데, 몇몇 백인이 아버지를 일본인으로 오해하고 마구 폭행했다. 그 후 미주 한인은 '나는 한국인'이라는 명찰을 옷에 달고 다녔고, 항상 '나는

---

111 순혈주의는 사전적 의미로 '순수한 혈통만 선호하고 다른 종족의 피가 섞인 혈통을 배척하는 주의'다. 20세기 전반 하와이와 미주 한인사회에서는 타 인종 · 민족과의 국제결혼을 기피하는 경향이 존재했다. 사진신부 천연희와 김옥희의 경우 한인의 순혈주의 풍토로 인해 발생한 것으로, 국제결혼한 한인여성에게 가해진 한인사회의 사회적 억압과 배제를 엿볼 수 있다.

한국인입니다'라고 먼저 말해야 했다."[112]

위의 인용문은 샌프란시스코에 거주하던 한인 1.5세대인 김도라가 자신의 아버지가 경험한 인종차별을 구술한 것이다. 20세기 전반 미국에서 백인과 아시아인 사이의 노동시장, 거주지 등의 경계는 분명했다. 물리적인 차별 경험은 한인이 스스로를 보호하려고 자신의 공간이나 행동을 제약했다. 대륙에 거주한 한인은 태평양전쟁 시기 더 심각한 인종차별에 노출되었다. 하와이에 거주한 한인도 예외는 아니었다. 미국 사회에서 반일 감정의 증가는 사진신부를 포함한 한인에게 일상생활을 제약하는 요인으로 작용했다. 실상 전쟁으로 인한 변화는 가족관계에서 주로 발생했다. 전쟁은 새로운 가족 구성원을 받아들이는 요인으로도 작용했기 때문이다. 그러나 가장 큰 변화는 자녀의 참전으로 인한 장남의 부재였다. 자녀들 중 전쟁에 참전한 사례들이 많았고, 그로 인해 이들은 장남 혹은 경우에 따라서는 가장[113]의 부재를 경험하게 되었다.

인종차별은 전쟁 이전부터 존재했지만, 무엇보다 미 서부지역에서 반일 감정이 증폭되고 있었고 태평양전쟁은 이를 극대화

112 김도라의 인터뷰 내용. 이경원 외, 앞의 책, 237-238쪽.

113 한인신부의 남편, 곧 한인신랑은 평균적으로 15~20세가량 연상이었다. 태평양전쟁이 발발한 시기에 남편과 사별한 한인신부들도 있었다. 일부 사진신부들은 여러 자녀 중 장남이 가족의 가장 역할을 수행하는 사례도 있었다. 장남의 참전은 한인신부의 가족관계가 변화하는 직접적 계기로 작용했다.

시켰다.[114] 이런 과정에서 재미 한인은 참전이나 전쟁 관련 업무 등 전쟁에 직간접적으로 연루되었다. 기존의 태평양전쟁과 관련된 미주 한인 연구들을 살펴보면 이들의 전쟁 참여를 정치적 맥락에서 해석하는 경우가 많다.[115] 물론 사진신부의 자녀들 가운데 태평양전쟁 참전의 계기를 어머니의 반일 감정과 연계한 사례들도 있다.

가장 대표적으로 김영옥 대령을 그 예로 들 수 있다. 은성무공훈장, 퍼플하트훈장, 수훈장, 이탈리아 최고무공훈장, 프랑스 최고무공훈장을 수상한 김영옥 대령의 어머니는 1916년 미국으로 이주한 사진신부였다. 어머니는 아들에게 일본이 한국을 어떻게 식민지화하고 수탈했는지를 이야기하며 일본 학생과 놀지 말라고 주의를 주곤 했다. 그러나 당시 김영옥 대령은 "일본의 만행에 대한 어머니의 말을 믿기가 어려워서 어머니가 과장한 것이라고 생각했다"고 후술했다.[116] 이처럼 한인신부의 자녀들은 일본의 식민주의를 직접 경험한 어머니를 통해 한인의 반일 감정에 노출되었다. 그리고 이러한 측면이 자녀의 군입대에 영향을 주었

---

114 한인이 일본인이라는 오해로 인해 차별당한 경험은 태평양전쟁 이전부터 있었다. 예컨대 1919년 8월에 발행된 《신한민보》에서는 캘리포니아에서 일본인으로 오해를 받아 백인 의사로부터 병원 진료를 거부당한 한인의 소식을 전했다. 기사에 따르면 윌로우(Willows)에 거주하는 한인 아이가 복통으로 병원에 갔으나 일본인라고 생각한 백인 의사가 진료를 거부한 것이다. 그러나 한인 가족 옷의 태극기를 본 후 한인이냐고 물으며 진찰해주었다. 목수현, 「디아스포라의 정체성과 태극기: 20세기 전반기 미주한인을 중심으로」, 『사회와 역사』 86, 2010, 71쪽.

115 김도형, 앞의 논문, 2004; 박현순, 앞의 논문, 2019; 장경호, 앞의 논문, 2021.

116 이경원 외, 앞의 책, 251쪽.

〈그림 15〉 국가보훈처에서 발행한 김영옥 대령 포스터[117]

을 것으로 추정할 수 있다.[118]

그렇다면 한인과 그 가족의 전쟁 참여를 민족주의나 식민주의 같은 거대한 내러티브로만 해석해야 하는 것일까? 미주 한인의 참전은 한일관계에서 비롯된 '피식민지민-식민지민'이라는

---

117 태평양전쟁에 참전한 한인 2세대 중 전쟁영웅으로 불린 김영옥 대령의 포스터. https://www.mpva.go.kr/mpva/selectBbsNttView.do;jsessionid=roxbzLMWgXaxk21NkRO3E1+4.node20?key=227&bbsNo=83&nttNo=46683&searchCtgry=&searchCnd=all&searchKrwd=&integrDeptCode=&pageIndex=7

118 한인 1.5세대와 한인 2세대 가운데 259명이 전쟁에 참여했다. 장경호, 앞의 논문, 190쪽.

정치적 맥락 외에도 자신과 가족의 보호를 위한 미국 시민권의 획득, 미국 내 안정적 지위 확보 등 더욱 복잡한 맥락들이 얽혀 있었다. 특히 한인은 일본인이라는 오해를 벗고 아시아인이라는 인종차별에서 해방되어 '진정한 미국인'으로 인정받고자 했다.

> "그렇게 나는 애리조나의 비행학교에서 훈련을 받고 비행 전투병으로 투입됐다. 나는 한국계이고 한국은 일본의 식민지였기 때문에 솔직히 태평양 전선에서 일본에 맞서 싸우고 싶었다. 나 또한 다른 한국인처럼 일본에 복수하고 싶은 마음이 간절했기 때문이다. 그러나 태평양 전선에 투입해달라는 나의 요청은 거절당했다. 만약 내가 일본군에게 포로로 잡히면 일본군이 내가 한국인임을 알게 될 것이고 나를 즉시 처형할 것이라는 우려 때문이었다. 더구나 일본 정부는 아버지를 체포하기 위해 혈안이 된 상태였기 때문에 나는 유럽 전선으로 보내질 수밖에 없었다."[119]

위의 인용문은 한인 2세로서 제2차 세계대전 당시 미 공군에 입대해 두 개의 은성무공훈장과 18개의 메달을 받은 오종구(Fred Ohr) 소령의 진술이다. 이와 같이 한인은 적군인 일본인과 유사한 외모로 군에서도 차별을 당했다. 무엇보다 한인은 미국인에게 일본인이 아니라고 설득하고 입증해야 했다. 오종구 소령은

---

119 오종구(Fred Ohr) 소령의 인터뷰 내용 발췌. 이경원 외, 앞의 책, 275-276쪽.

미군에서 겪은 차별에 대해 "나는 아시아인이기 때문에 미국에 대한 애국심을 보여줘야 했다. 즉, 무슨 일을 하더라도 다른 사람보다 조금 더 잘해야 했다"[120]고 언급했다.

이는 태평양전쟁에 참여한 다른 사진신부의 자녀들도 크게 다르지 않았다. 제2차 세계대전의 영웅으로 불린 김영옥 대령 또는 오종구 소령처럼 한인 사진신부의 자녀들 가운데 전쟁에 참여한 경우가 많았다. 그러나 자녀들 가운데 전쟁에서 전사한 사례들도 있었다.

> "1941년 진주만 폭격 이후 큰아들이 자원입대했다. 그 아이가 전장에서 죽었다. 진주만 사건으로 작은아들도 가만히 있지 않았다. 그 아이는 주변에서 일본인 취급 받는 것을 죽기보다 싫어했다. 작은아들도 그렇게 내 곁을 떠났다. 두 아들을 떠나보내니 눈에 띄는 일본인은 다 죽이고 싶은 심정이 들었다."[121]

위의 인용문은 남편이 세상을 떠난 후 홀로 10명의 자녀를 돌보아야 했던 사진신부 박계율의 진술이다. 태평양전쟁으로 그녀의 첫째아들과 둘째아들이 참전했는데, 둘 다 전사했다.

그러나 태평양전쟁 시기 한인의 전쟁 참여는 세대에 따라

---

120 이경원 외, 앞의 책, 2016, 277쪽.

121 이경원 외, 앞의 책, 2016, 68쪽.

분석될 필요가 있다. 이는 하와이와 미주 한인 이민 1세대와 2세대 간 차이가 존재하기 때문이다. 한인 이민 2세대는 1930년대에 그 숫자가 2배로 성장하여 미국 내 한인사회의 새로운 집단으로 등장했다.[122] 이들은 어머니인 사진신부 세대와 달리 미국에서 태어나 자동으로 시민권이 주어졌고, 미국의 정규교육과정을 경험했다. 이들의 언어적 능력과 미국 문화에 대한 동화의 정도는 한인 사진신부 집단과는 매우 달랐을 것으로 생각한다. 이런 측면에서 보면 한인 2세대의 태평양전쟁 참전은 미국 정부뿐 아니라 미국의 주류사회로부터 인정받고자 했던 미국 내 유색인종 소수자 집단의 선택이었다.

요컨대 태평양전쟁 시기 한인 사진신부와 한인 2세대 모두 '일본인' 혹은 '일본 국적자'라는 미국 사회의 낙인으로부터 벗어나고자 노력했다. 이런 맥락에서 미주 한인과 하와이에 거주하는 한인은 전쟁 시기에 인정투쟁을 벌였다.[123] 미국 출생으로 미국 시민권자인 한인 2세대가 태평양전쟁 참전으로 인정을 획득하고자 했던 데 비해 한인 사진신부의 경우는 그 결이 다소 달랐

---

122 정병준, 「1940년대 재미한인 독립운동의 노선과 성격」, 『한국민족운동사연구』 38, 2011, 113쪽; 박준현, 「하와이 · 미주 사회에서 閔贊鎬의 한인 교육과 민족운동」, 『한국민족운동사연구』 91, 2017, 7쪽.

123 인정투쟁은 사회적 투쟁의 도덕적 형식으로 논의된다. 사회적 무시나 모욕은 개인과 집단의 정서, 도덕, 개성에 대한 부정이기 때문이다. 이러한 사회적 무시가 개인과 집단의 안녕을 해치는 의도에서 발생한다면 이는 도덕적 불의가 된다. 이런 맥락에서 인정관계를 둘러싼 무시나 모욕은 도덕적 훼손이 된다. 황해영 · 김영순, 「재한 중국동포 여성단체장의 생애사에 나타난 소수자의 인정투쟁」, 『예술인문사회 융합 멀티미디어 논문지』 7, 2017, 511쪽.

을 것으로 생각한다. 예컨대 『3기니』에 기록된 전쟁에 대한 울프의 생각을 인용해보면 다음과 같다. "사실상 여성으로서 나는 나라가 없으며, 여성으로서 나는 나라를 원치 않으며, 여성으로서 나에게 나라는 전 세계이기 때문이다."[124] 울프는 20세기 전반 백인 남성 중심의 가부장적 질서 속에서 전쟁과 여성의 일상은 실상 국적과 국경을 초월할 수 있음을 시사하고 있다. 한인 사진신부 집단은 '피식민지민'으로서 미국으로 이주했다. 미국 사회에서 이들은 일본 국적자이자 유색인종 소수자 여성 집단이었다. 언어 · 문화 · 교육 자본이 부재했던 한인 사진신부들이 미국 내 기존 질서에 대한 수용 없이는 자신과 가족의 생존과 보호가 불가능했다.

20세기 전반 한인 이민 2세대는 미국의 인종적 위계질서에 편입되기 위한 전쟁 참여를 통해 인정투쟁을 벌였다. 반면 한인 사진신부들은 그 양상이 달랐다. 한인 사진신부들은 가족과 자신의 생존을 위한 선택을 했다. 예컨대 농장과 도시 그리고 한인사회와 미국 사회에서의 정착 과정에서 이들은 각각 순혈주의적 한인사회, 가부장적 가족 질서, 유색인종 여성 이민자에게 불리한 노동시장, 인종차별에 노출된 거주지 등 모든 공적 · 사적영역에서 자신과 가족을 보호하기 위한 '타협'을 불가피하게 선택했다.

실제로 이러한 타협을 통해 태평양전쟁 시기 동안 전쟁특수를 누린 사진신부들도 적지 않았다.

---

124 버지니아 울프(Virginia Woolf), 오진숙 역, 『3기니』, 솔출판사, 2019, 179쪽.

"남편은 평생 이발사로 살았다. 1926년에 시작해서 죽는 날까지 그 일을 했다. 나는 남편을 재정적으로 도우려고 '목욕탕' 사업을 시작했다. 1942년 일본인이 수용소로 강제이주하게 되었을 때, 그들의 목욕탕 사업장 가운데 하나를 얻게 되었다. 2층은 호텔이었고 아래층은 화장실 2개, 부엌, 거실이 있는 살림집이었다. 월세는 35불이었는데, 아주 좋은 상태였다. 내가 기억하기로는 9개의 목욕공간이 있었는데, 3개는 샤워하는 곳이었고 6개는 욕조가 있었다. (중략) 나는 목욕탕 운영을 계속했고 남편은 이발소를 계속했다. 우리는 돈을 모아서 1만 불짜리 건물을 살 수 있었다. 우리는 빚을 모두 청산했다. 돈을 벌면 은행에 저축했다. 아이들에게 용돈을 충분히 줄 수 있게 되었다."[125]

위의 진술은 일본인 사업장을 인수해 이득을 얻게 된 사진신부 강경수의 이야기다. 강경수의 사례처럼 미 대륙에서 특히 도시에 거주하던 사진신부 가운데 전쟁 기간에 일본인의 사업장을 인수 · 운영하여 경제적 부를 축적한 사례가 있다.

일본이 미국을 상대로 벌인 태평양전쟁의 영향으로 일본인은 미국 내 미국 정부가 지정한 수용소로 강제이주하게 되었다.[126] 강경수의 가족은 강제이주된 일본인이 두고 간 사업장 가

---

125 사진신부 강경수의 구술내용 발췌. Shinn Sunoo, 앞의 책, pp. 85-87.

126 일본인 수용소 사건은 백악관 행정명령 9066호(Executive Order No. 9066)에서 시작되었다. 전쟁 기간 중 미국계 일본인을 강제로 수용소로 이주시킨 이 사건은

운데 하나를 사들이게 되었다. 당시 미국 내 일본인 사업장 가운데 목욕탕이 많았는데, 사진신부 강경수가 구매하여 운영한 것도 규모가 큰 목욕탕이었고, 이후 강경수 가족이 샌프란시스코에 있는 고층 건물을 구매할 수 있는 종잣돈을 마련해주었다.

먼저 대륙의 경우 새로운 직종이나 사업 기회를 얻는 것이 쉽지 않았다. 사진신부 김차봉에 따르면 당시 일본인이 두고 떠난 사업장을 구매한 이들 가운데 필리핀인이 많았다.[127] 이로 미루어보건대 미 대륙에 거주했던 한인 가운데 일본인 사업장을 운영하여 큰 부를 얻게 된 사례는 많지 않았을 것으로 추정된다. 강제이주하게 된 일본인은 사업장 소유권을 한인에게 이전하기보다 일본인 사업장에서 노동자로 근무한 필리핀인 같은 다른 민족에게 넘겨주었다. 그러나 그보다 더 큰 요인은 미주 한인의 자본 부족 때문이었을 것이다. 미 서부지역의 한인 중 다수가 농장 노동자로 살았기 때문에 도시에 위치한 일본인 사업장을 구매하거나 농장을 사들일 자본이 충분하지 못했다.

미 대륙의 한인과 달리 하와이의 한인에게 태평양전쟁은 새

1960년대가 되어서야 미국 정부가 일본계 미국인에게 사과하고 배상하는 것이 결정되었다. 일본인 수용소 문제는 미국에서 인권 문제로 논의되었는데, 이러한 논의로 발전하기까지 일본인 여성의 역할이 컸다. 즉, 일본인 수용소 이전에는 일본인 여성의 정치활동이 적었다. 그러나 일본인 수용소 문제는 일본인 여성이 미국 내 정치활동에 적극적으로 참여하는 계기가 되었다.

127 사진신부 김차봉의 진술에 따르면 당시 미 서부지역에서는 일본인이 운영하는 농장이 많았다. 일본인이 강제로 수용소로 이동하게 되자 일본인 소유 농장에서 임차인으로 일하던 필리핀인이 농장을 이어받았다. 사진신부 이계만이 진술한 것처럼 당시 미 서부지역에서 농장 노동자로 일하던 한인은 일본인 소유 농장에서 일하는 것에 대한 반감이 컸다. Sunno, 앞의 책, 2002.

로운 기회로 다가왔다. 하와이의 인구구성에서 백인 다음으로 규모가 컸던 일본인은 대륙과 마찬가지로 태평양전쟁으로 입지가 축소되었다. 하와이에 거주하는 일본인의 경우 미 대륙의 수용소로 강제이주되지는 않았지만, 전쟁 시기 일본계 미국인에 대한 미 정부의 적대적인 태도는 하와이에서도 마찬가지였다.

그에 반해 한인은 일본과 미국의 전쟁으로 인한 전쟁특수를 누리기도 했다. 당시 하와이는 태평양전쟁에서 미 대륙을 방어하는 가장 크고 중요한 기지 중 하나였고, 그에 따라 군부대의 일자리가 지속적으로 증가했다. 일본과 전쟁 상황에서 미군은 일본인보다 한인을 고용하는 것을 더 선호했을 것이다. 실제로 인종차별이 구조화된 백인 중심의 미국 사회에서 고등교육을 받고도 일자리를 구하지 못한 한인 1.5세대와 2세대 가운데 태평양전쟁 시기 군이 창출하는 일자리를 얻게 된 사례들이 많았다.[128]

하와이 출신 한인의 구술자료를 분석해보면 태평양전쟁 때 일자리를 얻고 소득의 증가를 이룬 한인 가정이 있었음을 확인할 수 있다. 그러나 20세기 전반 미 정부의 공식자료를 통해 '한인의 소득변화 추이'를 추적하기는 어렵다. 왜냐하면 미국 정부는 1950년까지 소득 비교를 백인집단을 중심으로 조사하고 분석했기 때문이다. 미국 센서스의 경우 19세기 중반부터 지금까지

128 한인 남성의 경우 장교로 군입대한 사례로 김영옥 대령과 오종구 소령이 있다(이경원 외, 앞의 책, 2016). 한인여성의 경우 안수산과 현앨리스 등은 여성으로서 군 장교로 입대하여 활약했다. 안수산에 대해서는 박현순, 앞의 논문, 2020 참조. 현앨리스에 대해서는 장경준, 앞의 책, 2015 참조.

10년마다 이루어지고 있다. 1950년에 실시된 센서스는 20세기 전반을 총체적으로 분석하는 것을 목적으로 조사되었다. 그러나 이는 백인집단 대 민족 구분이 없는 비백인집단으로 나누어 조사했기 때문에 한인에 대한 자료 추적은 쉽지 않다. 그러나 1953년 미국 상무부(United States Department of Commerce Office of Business Economics)에서 『하와이의 소득(*Income of Hawaii*)』을 출판했다.[129] 이는 1939년부터 1952년까지 하와이 지역민의 소득을 조사하고 분석한 자료다. 자료에 따르면 태평양전쟁 시기 미 정부는 하와이 지역에 막대한 전쟁자금을 지원했다. 이러한 정부의 기금을 기반으로 하와이 지역 내 건설업이 활성화되면서 경제의 규모가 커졌고, 이는 지역민의 소득 증가로 이어졌다.

〈표 10〉 하와이 민족 집단별 중위 소득 순위(1970)[130]

(단위: 달러)

민족 집단	연간 가족 단위별 소득
한인	16,621
중국인	14,725
일본인	13,646
백인	11,539
모든 집단	11,650

129 Charles F. Schwartz, Assistant Chief, National Income Division office of Business Economics, Untied States Department of Commerce Office of Business Economics, Income of Hawaii: A Supplement to the Survey of Current Business. U. S. Government Printing Office, Washington: 1953.

130 Ch'oe, Yŏng-ho, "The Early Korean Immigration: An Overview," edited by Yŏng-

〈표 10〉은 1970년의 하와이 민족 집단별 중위 소득을 보여준다. 1945년 이후 자료지만 현재까지 하와이의 민족별 소득 차이를 추적할 수 있는 유일한 자료다. 위의 표에 따르면 한인의 중위 소득은 하와이 지역 내 여러 민족 집단 가운데 가장 큰 것을 확인할 수 있다.

한인이 하와이에 합류한 이주 초기, 곧 20세기 초 · 중반 하와이 사탕수수 집단농장의 인종 · 민족적 분포에서 일본인은 가장 큰 민족집단을 형성했다. 이는 한인의 도시 이주 이후에도 마찬가지였다. 일본인은 20세기 중 · 후반에 하와이 인구구성에서 가장 큰 집단을 형성했고 현재까지도 유지하고 있다. 이러한 일본인 중심의 하와이 사회에서 한인은 태평양전쟁 시기를 거쳐 가장 높은 소득을 올리는 민족 집단이 된 것이다.이는 한인 1세대가 수행한 가족에 대한 희생과 헌신 이후 이어진 한인 2세대의 사회적 성취, 곧 이들의 경제적 활동의 결과로 이해할 수 있다.

미국 센서스 자료에 따르면 한인은 하와이 전체 민족 집단 가운데 소수민족 중의 소수민족이었다. 〈표 11〉은 1900년부터 2000년까지 하와이의 한인 수와 하와이 전체 인구 중 한인의 비율을 보여준다. 1903년에서 1905년 사이 노동이주를 통해 하와이로 이주한 한인은 1900년의 인구조사에서는 그 숫자가 집계되지 않았다. 1910년의 조사에서 2.4%였던 한인은 그 수는 지속적으로 증가했지만, 하와이 전체 인구에서 그 비중은 계속 줄어

---

ho Ch'oe, From the Land of Hibiscus: Koreans in Hawai'i, 1903 – 1950, University of Hawai'i Press, 2007, p. 34.

〈표 11〉 하와이의 한인 수(1900~2000)[131]

(단위: 명, %)

연도	한인 수	비율
1900	-	-
1910	4,533	2.4
1920	4,950	1.9
1930	6,461	1.8
1940	6,851	1.6
1950	7,030	1.4
1960	-	-
1970	9,625	1.3
1980	17,962	1.9
1990	24,454	2.2
2000	41,119	3.4

들었다. 특히 1970년의 조사에서는 1.3%를 기록했다. 즉, 한인은 하와이에서 소수민족 중 소수민족이었다.

이러한 소수민족이던 한인에게 1940년대의 태평양전쟁은 경제적 기회였다. 1920년 일본인 파업으로 인해 호놀룰루라는 도시로 강제적으로 이주해야 했던 한인에게 태평양전쟁은 경제적인 호재로 작용했다. 태평양전쟁을 거치면서 한인의 다수가 거

131 Robert C. Schmitt. *Demographic Statistics of Hawaii: 1778-1965*. (Honolulu, 1968). United States. Bureau of the Census. *1970, 1980, 1990 Census of Population. General Population Characteristic*, (Washington, D. C.), United States. Bureau of the Census. Census 2000 Summary File 4(SF4) (April 29, 2003). Source: United States. Bureau of the Census. Census 2010 Summary File 1 (SF 1) (June 16, 2011).

주했던 호놀룰루는 하와이 전체 소득의 75% 이상을 상회하는 하와이 경제의 중심지가 되었기 때문이다.[132]

하와이의 한인은 전쟁을 통해 사업이 더 확장되었으며, 그 중에는 사진신부의 사례도 있다.[133] 태평양전쟁이 발발하기 직전 미군 백인 남성과 재혼한 천연희의 경우 진주만 폭격 때 미군 부대에서 가족과 함께 거주하면서 호텔을 운영했다. 전시 기간의 호텔업에 대해 천연희는 "전쟁이 시작되었고 내 사업은 나아졌다. 매일 밤 휴가 중인 군인들이 방을 가득 메웠다. 내 평생 처음으로 돈에 쪼들리지 않았다"라고 회고했다.[134] 이와 같이 전쟁은 하와이 지역의 한인에게 경제적 기회를 제공했다. 특히 사진신부들 가운데 소규모라도 개인 사업을 운영한 이들이 많았기 때문에 천연희 같은 사례는 더 있었을 것이다. 이런 측면에서 보면 태평양전쟁의 경제적 파급효과는 미 대륙 지역과 하와이 지역의 한인에게 각기 다르게 나타났고, 이는 한인 사진신부들도 마찬가지였다.

그러나 1945년 태평양전쟁이 끝나고 한반도가 식민지배에서 독립한 이후에도 한인 사진신부들은 여전히 법적으로 시민권을 획득하지 못한 상태였다. 일본이 일으킨 전쟁으로 인해 이민 1세대 가운데 일본인과 함께 한인도 시민권 자격이 없는 외국인

132 Charles F. Schwartz, 앞의 책, p. 10.

133 사진신부 이영옥의 구술에 따르면 호놀룰루 지역의 한인은 태평양전쟁으로 인해 경제적 혜택을 누렸다. Yoon, 앞의 책, p. 116.

134 문옥표 외, 앞의 책, 67쪽.

으로 분류되었기 때문이다. 특히 제2차 세계대전이 끝난 후 미국에 거주하거나 미국으로 이주하는 아시아계 이민자에게는 시민권이 부여된 반면, 전쟁을 일으킨 일본인과 한인 이민자 1세대는 여전히 시민권을 획득하지 못했다.

가령 미국의 우방으로 인정된 중국은 1943년 12월에 제정된 이민법(Magnuson Act)의 적용을 받게 되었다.[135] 1882년 제정되었던 중국인 차별법의 폐지와 함께 중국인 이민자의 시민권 취득이 마침내 허용되었다. 또한 전쟁 직후 1945년 전쟁신부법(War Brides Act)[136]이 제정되어 미군의 아내, 약혼녀, 이들 자녀들의 이민이 허용되었다. 그뿐만 아니라 1946년 필리핀인과 인도인은 미국 시민권 취득이 가능해졌고, 1949년 농업법(Agricultural Act)[137]으로 캐나다, 멕시코, 영국령 서인도의 노동자 이민도 허용되었다.[138]

그러나 한인은 전쟁이 끝난 이후에도 일본과의 연관성으로 시민권을 획득할 수 없었다. 이는 전쟁이 끝난 후 미국에서 제정한 이민법에서 한인여성이 제외된 데서 확인할 수 있다. 즉, 미국 이민법에서 유럽 출신 여성들에게는 시민권이 허용된 반면에 아시아 출신 여성들을 둘러싼 시민권 자격에 대한 논의는 전혀 이뤄지지 않았다.

---

135 Magnuson Act는 1882년 제정된 중국인 차별법을 해지하는 것으로 전문은 다음 자료에서 확인 가능하다. https://uslaw.link/citation/stat/57/600

136 1945년 12월 28일에 제정된 "59 Stat. 659"는 "The War Brides Act"로 알려져 있다.

137 1949년 10월 31일 시행된 농업법의 전문은 다음 자료에서 확인할 수 있다. https://uslaw.link/citation/us-law/public/81/439

138 민경희, 앞의 책, 56-57쪽.

1952년이 되어서야 비로소 변화가 나타났다. 1952년에 맥캐런-월터법(McCarran-Walter Act)[139]이라는 새로운 이민법이 제정되면서 마침내 한인 사진신부를 포함한 한인 이민 1세대에게 시민권을 신청할 수 있는 자격이 부여되었다. 시민권을 획득한 한인 사진신부들은 정치적 권리와 함께 법적으로 경제적 자립을 이룰 수 있었다. 이제는 더 이상 자녀 명의가 아니라 자신의 이름으로 주택과 토지를 구입할 수 있었기 때문이다. 즉 1952년이 되어서야 비로소 한인 사진신부들은 미국 시민으로서의 법적 지위를 얻게 되었고, 마침내 거주국에서 정치적 권리와 함께 재산권을 행사할 수 있게 되었다.

이상에서 살펴본 바대로 태평양전쟁 시기 한인 사진신부들은 더욱 극심한 인종적 · 민족적 불평등에 직면하게 되었다. 일본이 일으킨 전쟁으로 인해 미국 내 일본인뿐 아니라 일본 국적의 한인도 심화된 인종적 차별에 노출되었기 때문이다. 한인 사진신부들과 자녀들은 일본인이라는 낙인에서 벗어나 미국 사회에서 인정받고자 했다. 한인 사진신부의 자녀들은 '전쟁 참여'라는 선택을 했다. 즉, 이민 2세대로서 미국 문화에 더 동화된 상태였던 한인 사진신부의 자녀들은 미국의 주류사회로부터 인정받고

---

139 맥캐런-월터법은 1952년 네바다주의 맥캐런 민주당 상원의원과 펜실베이니아 월터 민주당 하원의원의 발의로 제정되었다. 1924년 이민법에 의해 제정된 국가별 할당제를 유지하는 한편, 아시아 국가들에 이민을 허용하는 할당제가 실시되었다. 맥캐런-월터법으로 미주 한인의 시민권 신청이 허용되었다. An Act to revise the laws relating to immigration, naturalization, and nationality (Pub. L. 66-163).

자 하는 열망이 더 컸다. 동시에 적지 않은 수의 신부들은 전쟁으로 경제적 이득을 획득할 수 있었다. 전쟁특수로 인해 사업체가 번창하고 특히 고등교육을 받고도 인종차별로 인해 일자리를 얻지 못했던 자녀들이 군부대의 일자리를 얻게 되어 가정이 안정되고 소득이 증가했다.[140] 그러나 전쟁이 끝나고 조국이 독립한 이후에도 사진신부들은 여전히 불안정한 법적 상태에 머물러 있었다. 마침내 1952년 새로운 이민법이 제정되면서 한인 이민 1세대인 한인 사진신부들에게 시민권을 획득할 수 있는 자격이 부여되었다.

요컨대 태평양전쟁은 이전보다 심화된 인종적 · 민족적 불평등이라는 환경 변화를 가져다주었다. 동시에 전쟁은 한인 사진신부의 경제활동과 가족관계 변화에도 영향을 주었다. 이 과정에서 한인 사진신부들은 자신과 가족의 생존과 안정을 위한 선택을 했다. 태평양전쟁은 한인 사진신부들이 미국 내 아시아 여성 이민자로서 미국 사회의 인종적 · 민족적 질서 속에서 새롭게 미국 시민으로 자신의 위치를 조정하게 된 계기가 되었다.

140 이는 1970년에 실시된 하와이 민족 집단별 중위 소득 조사와 직접적 연관성이 있다. 태평양전쟁 시기 한인 2세대 중 군 관련 일자리를 얻은 이들이 많았기 때문이다. 군이 창출한 일자리는 정년이 보장되는 국가공무원인 경우가 많았고, 전쟁 이후에도 일자리는 지속되었기 때문이다. 즉 1970년 조사의 설문 대상자들은 바로 이들 한인 2세대였다.

4.
20세기 전반 한인여성의 디아스포라적 삶

제IV부에서는 한인 사진신부들이 농장, 도시 이주 및 직업 선택, 공동체 등을 거치며 여성, 배우자, 어머니, 그리고 서비스노동 종사자로서 자기보호를 위해 어떠한 복합적이고 모순적인 선택을 했는지 분석했다. 제IV부의 내용을 크게 네 가지 맥락에서 다음과 같이 정리할 수 있다.

첫째, 농장에서 나타난 일상과 부부관계의 변화를 살펴보았다. 미국으로 이주한 사진신부들은 재정지원과 함께 미국 내 안정적 정착을 위해 남성 위주 가족 형태, 자신을 보호해줄 남성들에게 의존하는 동시에 주거와 생활조건의 편리성을 선택하기도 했다. 이 점에서 이들을 가부장제의 희생양으로 해석하는 것은 일면적일 수 있다. 농장에서 더 이상 가족을 보호하기 어려워진 이들은 도시로 이주하는 과정에서 이혼, 별거, 재혼 등 균열을 경험했고 그만큼 그녀들에게 농장에서의 자기보호라는 맥락에서 복잡한 선택이 존재했다.

둘째, 도시로의 이주 후 변화의 지점들을 논의했다. 사진신부들에게 사진결혼만큼이나 '생애사적 전환점'을 가능하게 하는 선택이 바로 도시로 이주한 이후에 일어났다. 한편 도시 생활에 적응하지 못하는 가부장 대신 자신과 자녀들을 보호하려고 이혼하고 재혼을 선택했는데, 그 과정에서 한인여성이라는 인적 네트워크의 도움으로 이혼이 가능했다. 또 미국의 기독교 교육기관으로부터의 도움과 함께 계를 통한 일시적인 경제적 지원으로 농장보다 인종차별에 노출된 도시에서 생존할 수 있었다. 다른 한편 도시로 이주한 뒤 사진신부가 참여 가능한 직종은 가내서비스, 세탁, 노점, 채소장사 등으로 확대되었고 한인 외에 다른 인종과도 사회관계를 맺게 되었다. 노동시장 내 사진신부가 참여 가능한 직종은 늘어났지만, 이들의 경제활동에는 한계가 존재했다. 즉 한인 사진신부들은 가족의 생존과 자녀의 교육을 위해 '저임금의 힘든 노동'을 선택했지만, 이들의 노동 분야는 서비스노동과 숙박업 중심이었다. 요컨대 한인 사진신부들은 도시로의 이주 이후 노동시장에서의 인종 간 위계를 넘어설 수 없었다. 이들은 이러한 위계를 수용 · 타협하면서 제한적인 경제활동을 수행했다.

셋째, 도시에 진출했음에도 한인 신부들은 언어 · 문화 · 교육 자본의 부족과 함께 주거공간이나 거리 등에서 인종차별로 인해 자신과 가족들을 보호하기 위해 한인공동체에 침잠했다. 또한 한인 사진신부들은 도시로 이주한 뒤 영남부인회를 조직 · 결성하는 데 있어서 과거에 비해 자율적인 면을 보여주었다. 그러나 이들의 활동은 한인교회와 한인사회와의 단절이 아닌 단속적 형태로 이루어졌다. 이는 이들의 활동이 독립운동, 곧 남성 엘리트가 주도하는 운동과의 관련성 속에서 전개되었기 때문이다.

넷째, 제2차 세계대전을 전후로 한인사회에서 이민족과의 국제결혼을 기피하게 된 배경은 순혈주의 때문이었다. 이러한 불이익에도 사진신부들이 국제결혼을 선택한 맥락은 자신과 자녀의 생계 그리고 자녀교육을 위한 안정적 가족을 형성 · 유지하기 위한 자기보호적 선택에서 비롯되었다. 한편 태평양전쟁이 일어난 이후 한인은 전쟁에 직간접적으로 연루되었다. 한인 2세와 그 가족의 태평양전쟁 참여와 그에 연관된 인정투쟁은 이들이 일본인과 구분되는 존재이며 미국에서 시민권 획득, 미국 내 안정적 지위 확보를 통해 가족과 자신을 보호해야 한다는 복합한 맥락에서 이해해야 한다. 또한 이 과정에서 하와이 거주 사진신부는 전쟁특수로 군 기지 경제가 활성화되어 가족의 소득 증가와 자녀의 고등교육을 통해 신분 상승을 경험하기도 했다.

V
맺음말

사진신부가 된 세 자매. 가운데 이주재로, 세 자매 중 맞이로서 가장 먼저
사진신부가 되었다. 하와이 사탕수수 농장에서의 삶이 외로웠던 그녀는
부모님에게 부탁해 여동생들을 하와이로 보내달라고 요청하였고,
이에 두 여동생(뒷줄의 왼쪽 이필덕, 뒷줄의 오른쪽 이영순)이 사진신부가 되어
하와이로 왔다. 이들은 모두 사탕수수 농장에서 미국에서의 삶을 시작하였고 이후
도시로 이주하여 가족 공동체이자 사진신부 공동체를 형성하였다.
(이화인문과학원 제공)

한인 사진신부들에 대한 기존 연구들이 민족의식에 기반한 독립운동 참여와 자율적 행위자라는 맥락을 강조했다면, 이 책은 이들에게 중요한 것이 이주국인 미국에서 자신과 가족의 안정적인 정착과 생존이었음을 논의했다. 특히 사진결혼을 통한 미국으로의 이주, 집단농장 생활에의 적응, 도시로의 이주와 정착, 태평양전쟁 시기 등을 거치면서 그녀들은 농장과 한인사회에서의 가부장제와 타협, 미국 내 도시의 주변화된 노동시장에서 경쟁과 생존, 지배적 · 인종적 관계에서 인정받기 위한 실천 등을 통해 미국 사회에서 생존하고자 했기 때문이다.

이러한 시각에서 제II부에서는 한인 사진신부의 미국 사회로의 진입을 제도적 · 법률적 차원에서 논의했다. 한인 사진신부의 미국 사회로의 진입은 미 정부의 차별적 포섭과 함께 미국에 거주하는 한인에 대한 일본의 통제와 관련되어 있었다. 20세기 초반 한인이 미국으로 이주하게 된 배경은 중국 여성의 성매매 문제와 일본 노동자들의 대거 유입으로 인한 노동시장 내 갈등 속에서 미국 정부에 의해 이들의 이주가 제한 · 금지되었기 때문이다. 그리고 그 대안으로 한인 노동력의 미국 노동시장 내 유입이 이뤄졌다. 즉 미국 정부는 국내 노동시장의 안정화를 위해 한국인 노동력을 포섭했고, 이들을 농장 노동력으로 정착시키려고 사진신부의 이주를 허용했다.

이와 같이 한인 사진신부의 미국 사회로의 합류는 미국과 일본 정부 그리고 미국 자본이 결부된 이민정책과 긴밀하게 관련되어 있다. 19세기 중엽부터 미 서부지역에서 사회문제로 제기된 중국인 성매매 여성 문제는 동아시아 출신 여성의 이주를 제한하는 페이지법으로 귀결되었다. 미 정부는 1875년의 페이지법을 통해 동아시아 출신 여성의 미국으로의 이주를 제한하는 한편, 1882년 중국인 차별법을 통해 중국여성의 이주 금지를 지속했다. 그러나 1908년 미국과 일본 간의 신사협정으로 일본인 사진신부의 이주가 허용되었고, 1917년 변경된 이민법에서도 일본 국적 여성의 이주는 계속되었다. 1924년 이민법을 통해 일본인의 이민이 제한될 때까지 일본인신부와 한인 사진신부는 미국으로 이주할 수 있었다.

요컨대 19세기 중 · 후반부터 여러 차례에 걸쳐 변경된 미국의 이민법은 겉으로는 국내 노동시장 문제를 해결하기 위해 이들을 자국 내에 받아들이려는 이민정책이라는 모습을 띠고 있었지만, 줄곧 아시아인에 대한 차별적인 성격을 지녔다. 이런 맥락에서 아시아인 사진신부에 대한 미국의 제도와 법률은 당시 국민국가 건설 과정에서 파생된 인종 · 민족 간 위계화와 함께 앵글로색슨 계열의 순수성을 강조하기 위한 것으로 이후 아시아인 사진신부의 정주 과정에서도 계속될 가능성이 내포된 상태였다.

제III부에서는 한인 사진신부의 사진결혼 과정에 대해 살펴보았다. 한인 사진신부들은 결혼을 통해 미국으로 이주했지만, 이들의 이주에는 '자기보호(self-protection)'라는 맥락이 내재해 있었다. 미국으로 이주하는 과정에서 한인 사진신부들은 조선의 가부장적 지배질서와의 무수한 타협, 모순적인 선택을 거쳤다. 한인 사진신부의 자기보호적 성격은 조선에서 사진결혼을 선택하게 된 동기에서도 드러난다. 사진결혼을 선택하기까지 경제적 · 사회문화적 · 교육적 동기가 작용해 가족의 반대를 거쳐 미국으로 이주한 여성들이 있는 반면, 부모의 선택과 후원에 힘입어 사진결혼을 한 신부들도 있었다. 즉 동일한 사진신부 집단이지만, 이들이 사진결혼을 선택한 맥락은 이와 같이 모순적이고 상반적이었다.

한인 사진신부의 미국으로의 이주에는 '인물거간군'이 중요한 역할을 담당했다. 사진결혼 초기에는 신랑신부의 가족이나 지인 등 인적 네트워크를 활용한 사례가 많았으나 이후에는 인물거간군의 활동을 통해 미국으로 이주한 사례가 많았기 때문이다. 사진결혼 과정을 살펴보면 사진신부들은 사진 촬영을 한 후 사진교환을 통해 혼인을 진행했다. 가부장의 허가를 통해 혼인이 성사된 한인 사진신부는 '민적 등록-여권 발급-민적 발급-미국 비자 발급-건강검진-이민 심사' 과정을 거쳐 미국으로 입국할 수 있었다. 그러나 모든 한인 사진신부들에게 일본 여권이 발급된 것은 아니었다. 이들 중 일부는 중국 상해에서 밀항을 통해 미국에 도착한 후 이민국에서 난민의 지위를 인정받아 미국에 입국하기도 했다. 미국에 도착한 한인 사진신부들은 이민 수속 과정에서 한인 남성에게 의존할 수밖에 없었다. 조선에서 이들의 보호자가 아버지로 상징되는 가부장이었다면, 미국으로의 이주 이후로는 남편과 한인사회가 이들을 미국 내 인종차별로부터 보호해줄 새로운 보호자였기 때문이다.

제IV부에서는 한인 사진신부의 미국에서의 경험과 그 사회적 관계에 초점을 맞추어 논의했다. 즉 한인 사진신부들이 농장,

도시 이주 및 직업 선택, 공동체 등에서 '여성, 배우자, 어머니, 그리고 서비스노동 종사자'로서 장소-공간을 매개로 생존을 위해 어떻게 적응했는지를 분석했다. 이를 위해 크게 네 가지 맥락에서 분석했다.

첫째, 농장에서 나타난 일상과 부부관계의 변화를 살펴보았다. 미국으로 이주한 사진신부들은 재정지원과 함께 미국 내 안정적 정착을 위해 남성 위주 한인사회와 가부장적 가족 형태를 수용했다. 동시에 이들은 주거와 생활조건의 편리성을 선택하기도 했다. 이 점에서 이들을 가부장제의 희생양으로 해석하는 것은 일면적일 수 있다. 도시로 이주하는 과정에서 이혼, 별거, 재혼 등 새로운 가족 형태를 둘러싼 선택이 공존했기 때문이다.

둘째, 도시로의 이주 이후 변화의 지점들을 논의했다. 도시의 노동시장 내에 사진신부가 참여 가능한 직종이 증가했다. 그러나 이들은 서비스노동과 숙박업 중심의 제한된 직업만 선택할 수 있었다. 이는 인종 간 위계를 넘어서지 못한 채 제한적인 경제활동으로 귀결되었다. 즉, 한인 사진신부들은 금융과 자금 대출 등에서의 차별 그리고 고소득층인 전문직 진출의 어려움 등과 같은 여러 차원에서 인종적 위계질서를 받아들일 수밖에 없었다.

셋째, 이주여성으로서 한인 사진신부의 공동체를 분석했다. 도시에 진출했음에도 한인 사진신부들은 언어 · 문화 · 교육 자본의 부족과 함께 제도화된 인종차별로 인해 한인사회 외부로 사회적 관계를 확장하는 데는 한계가 존재했다. 이는 한인 사진신부들이 공적영역에서의 인종 간 위계로 한인공동체라는 제한된 주거지역에 스스로의 활동을 제한한 선택에서 확인할 수 있다. 특히 한인교회와 한인사회와 단절은 불가능했다. 물론 한인 사진신부의 한인사회로의 진입은 새로운 여성 집단의 등장이었다. 이는 영남부인회의 존재로 확인할 수 있다. 즉, 도시로 이주한 뒤 한인 사진신부들은 조직의 결성과 구성에서 과거에 비해 자율적인 면을 보여주었다. 그러나 이들의 활동은 여전히 독립운동, 곧 남성 엘리트가 주도하는 운동과의 관련성 속에서 전개되었다.

넷째, 한인 사진신부에게 미친 제2차 세계대전의 영향을 논의했다. 먼저 한인사회 내 한인 사진신부와 이민족의 결혼이 금기시되었는데, 이는 한인사회의 순혈주의와 함께 인종적 위계 때문이었다. 한인사회에서 여러 불이익에도 사진신부들이 국제결혼을 선택한 배경은 자신과 자식들의 생계와 자녀교육을 위한 안정적 가족 형성 때문이었다. 다음으로 재미 한인은 미국과 일본 간의 태평양전쟁에 직간접적으로 연루되었다. 이들의 참전은 시민권 획득과 미국 내 안정적 지위 확보 등 복합한 맥락이 존재했다. 태평양전쟁은 대륙의 경우 일본인 수용소로 인해 한인에게 경제적 기회를 가져다주었고, 하와이 지역의 한인에게는 군 기지 확대로 한인 2세대의 고용 증가로 이어졌다. 하와이 한인 2세대의 군 관련 고용의 확대는 한인 집단이 안정적 수익을 얻는 기반이 되었다.

이상에서 본 바와 같이 이 책에서는 일상사의 시각을 통해 20세기 초반 사진신부의 미국 이주, 정착, 미국 사회와의 갈등과 타협 등 복잡하고 모순적인 선택을 규명하고자 했다. 독립운동을 주도한 행위자, 자율적인 이주여성, 이민법이라는 제도적 변화 및 국제관계 변화의 희생양으로 사진신부를 파악하는 등 기존 연구가 지닌 한계를 보완하기 위해 일본 노동자에 맞선 파업 파괴자, 남성 중심의 한인공동체와의 타협, 노동시장에서 인종적 위계질서 수용, 태평양전쟁 시기 미국 사회로부터 인정받기 위한 실천 등을 '자기보호'라는 맥락에서 재구성했으며 일상사의 해석 영역을 트랜스내셔널한 측면으로 확장했다.

그뿐만 아니라 이 책은 미주 이민사의 영역을 확장한 측면이 있다. 미주 한인 이민사는 제2차 세계대전 이전 미주 한인 독립운동, 1965년 이민법 개정 이후 이민과 미국 사회 내 동화 등 정형화된 서사들로 구성되었다. 이러한 방식은 20세기 초반에서 1924년 그리고 태평양전쟁을 겪은 사진신부, 그리고 이주여성들의 트랜스내셔널한 선택이 지닌 복잡한 성격을 간과하고 있다. 또한 '하와이 사진신부'를 주로 다뤘지만 대륙에도 공존했던 사진신부의 존재를 밝혔다는 점에서 이 책은 이민사의 공백을 보완하고자 했다.

끝으로, 이 책에서는 20세기 초반 이주여성의 모순적이고 복합적인 선택을 '자기보호'라는 맥락에서 경험적으로 규명하고자 했다. 이를 위해 미국에서 아시아인으로서 언어 · 문화 · 교육 자본을 지니지 못한 한인 사진신부들이 생존을 위해 선택한 복잡한 맥락을 분석했다. 이주여성으로서 한인 사진신부들이 자기보호를 위해 형성한 다층적 · 사회적 관계를 재해석하고 재구성한 점이 이 책이 갖는 마지막 함의일 것이다.

참고문헌

1. 국내 문헌

1차 사료

《大韓每日申報》

《東亞日報》

《朝鮮日報》

《萬歲報》

《每日申報 또는 每日新報》

《新漢民報》

단행본

국사편찬위원회 편집부. 『윤치호 일기』. 탐구당, 1971.

권보드래. 『1910년대, 풍문의 시대를 읽다』. 동국대학교 출판부, 2008.

김병희. 『광고로 보는 근대문화사』. 살림, 2014.

김원. 『여공 1970 그녀들의 반 역사』. 이매진, 2006.

김원용. 『재미한인오십년사』. 나성, 1959.

문옥표 외. 『사진신부 천연희의 이야기』. 일조각, 2017.

민경희. 『미국 이민의 역사 이론과 실제』. 개신, 2008.

배성준. 『조선총독부 조직구조와 분류체계 연구』. 한국국가기록연구원, 2004.

소현숙. 『이혼법정에 선 식민지 조선 여성들: 근대적 이혼제도의 도입과 젠더』. 역사비평사, 2017.

송정윤. 『사진신부 송정윤의 신앙수기, 내가 하리라』. 도서출판 목원, 1989.

유선영. 『식민지 트라우마』. 푸른역사, 2017.

윤백남 · 백두산 엮음. 『윤백남 선집』. 현대문학, 2013.

윤인진. 『코리안디아스포라: 재외한인의 이주, 적응, 정체성』. 고려대학교 출판부, 2004.

이규숙(구술), 김연옥 편집. 『이 계동 마님이 먹은 여든 살』. 뿌리깊은나무, 1984.

이덕희. 『하와이 이민 100년, 그들도 어떻게 살았나?』. 중앙M&B, 2003.

이삼성. 『동아시아의 전쟁과 평화1』. 한길사, 2009.

이상록 · 이유재 엮음. 『일상사로 보는 한국근현대사』. 책과함께, 2006.

이선주 · 로버타 장. 『하와이 한인사회의 성장사 1903-1940』. 이화여자대학교 출판부, 2014.

이원순. 『세기를 넘어서』. 신태양사, 1989.

이정덕 외. 『금계일기 1』. 지식과교양, 2016.

______. 『인천일기 1: 한 주물 기술자의 일과 삶』. 지식과교양, 2017.

이타가키 류타. 「꿈속의 고향」, 『일기를 통해 본 전통과 근대, 식민지와 국가』. 소명출판, 2013.

정병준. 『해외독립운동사료집 제38권 미주편 11, 미주한인 기독교잡지: 포와한인교보 · 한인교회보 · 한인긔독교보』. 국가보훈처, 2014

______. 『현앨리스와 그의 시대』. 돌베개, 2015.

정병욱. 『植民地 불온열전: 미친 생각이 뱃속에서 나온다』. 역사비평사, 2013.

______. 「식민지 기억과 분단, 1940년 양구군 해안면 소학교 낙서사건을 사례로」. 오타 오사무 · 허은 편. 『동아시아 냉전의 문화』. 소명출판, 2017.

———. 「식민지 농촌 청년과 재일조선인 사회」, 『일기를 통해 본 전통과 근대, 식민지와 국가』. 소명출판, 2013.

주요섭 · 정정호 엮음. 『구름을 잡으려고』. 푸른사상, 2019.

현순. 『포와 유람기』. 일한인쇄주식회사, 1909.

행정자치부 국가기록원. 『기록으로 보는 재외한인의 역사: 이주와 정착 그리고 발전의 시간들-아메리카』. 국가기록원, 2016.

번역서

김부자, 조경희 · 김우자 역. 『학교 밖의 조선여성들』. 일조각, 2009.

데틀레프 포이케르트(Detlev Peukert), 김학이 역. 『나치 시대의 일상사: 순응, 저항, 인종주의』. 개마고원, 2003.

로버타 장 · 웨인 패터슨(Roberta Jang and Wayne Patterson), 이주영 역. 『하와이의 한인들 사진으로 보는 미주 한인 100년사 1903-2003』. 눈빛출판사, 2008.

버지니아 울프(Virginia Woolf), 오진숙 역. 『3기니』. 솔출판사, 2019.

샌드로 메자드라 · 브렛 닐슨(Sandro Mezzadra and Brett Neilson), 남청수 역. 『방법으로서의 경계』. 갈무리, 2021.

스티븐 카슬 · 마크 J. 밀러(Steven Castles and Mark J. Miller), 한국이민학회 역. 『이주의 시대』. 일조각, 2013.

실라 로보섬(Shiela Rowbotham), 최재인 역. 『아름다운 외출: 페미니즘 그 상상과 실천의 역사』. 삼천리, 2012.

알프 뤼트케(Alf Luedtke), 나종석 역. 『일상사란 무엇인가』. 청년사, 2002.

———, 송충기 역. 『알프 뤼트케의 일상사 연구와 '아집': 직선을 벗어나 구불구불 가기』. 역사비평사, 2020.

이반 일리치(Ivan, Illich), 노승명 역. 『그림자 노동』. 사월의책, 2020.

이경원 · 김익창 · 김그레이스, 장태한 역. 『외로운 여정: 육성으로 듣는 미주 한인 초기 이민사, 하와이에서 유카탄, 쿠바까지』. 고려대학교 출판문화원, 2016.

웨인 패터슨(Wayne Patterson), 정대화 역. 『아메리카로 가는 길: 한인 하와이 이민사, 1896~1910』. 들녘, 2002.

______. 『하와이 한인 이민 1세』. 들녘, 2003.

제임스 스콧(James C. Scott), 전상인 역. 『지배와 저항의 예술: 은닉 대본』. 후마니타스, 2020.

논문

강진구. 「국제결혼담론의 계보학적 연구」. 『아시아여성연구』 50(2), 2011.

김도형. 「여행권(집조)를 통해 본 초기 하와이 이민의 재검토」. 『한국독립운동사연구』 44, 2013.

김민정. 「미국가기와 결혼하기: 하와이 한인 이주여성의 종족 간 결혼」. 『가족과 문화』 24(3), 2012.

김병희 · 신입섭. 「미시사적 관점에서 본 근대광고의 근대성 메시지 분석」. 『광고학연구』 18(3), 2007.

김성은. 「1920-30년대 여자 미국유학생의 실태와 인식」. 『역사와 경계』 72, 2009.

김원. 「근대화 시기 주변부 여성노동에 대한 담론: 식모를 중심으로」. 『아시아여성연구』 43(1), 2004.

김인덕. 「일본지역 유학생의 2 · 8운동과 3 · 1운동」. 『한국독립운동사연구』 13, 1999.

김점숙. 「한인 사진신부들의 사회 · 경제적 활동」. 2014년 글로벌 시대 한국적 가치와 문명 연구 국제학술회의(20세기 초 태평양을 건넌 한국 여성들. 성남: 한국학중앙연구원, 2014. 10. 21.

김정현. 「니체에 있어서의 주체자아와 자기의 문제: 도덕적미학적 자아관」. 『철학』 44, 1995.

김지원. 「미국의 일본인 배척운동과 한인 사진신부의 이주, 1910-1924」. 『미국사 연구』 44, 2016.

______. 「한인 사진신부의 적응과 특성, 1920-1945: 일본인 배척법을 넘어서」. 『세계 역사와 문화연구』 55, 2020.

김효순 외. 「재미한인교포의 이혼 후 재혼생활에 관한 질적 연구: 청소년기 자녀가 있는 시카고지역의 재혼자를 대상으로」. 『한국사회복지학』 62(2), 2010.

노선희. 「일본의 식민지적 통제와 미국 이민법의 네트워크: 한인 사진신부 사례를 중심으로(1910-1924)」. 『사회와 역사』 129, 2021a.

———. 「일본의 식민주의와 미국의 제국주의의 교차로, 사진결혼(1910-1924)」. 『민족문화연구』 91, 2021b.

———. 「한인여성 디아스포라 공동체 연구: 사진신부의 공동체, 영남부인실업동맹회(영남부인회)를 중심으로」. 『여성과 역사』 34, 2021c.

———. 「장소적 관점에서 본 사회적 관계의 변화: 20세기 초 한인 사진신부를 중심으로」. 『한국학논집』 85, 2021d.

노영택. 「일제 강점기의 문맹률 추이」. 『국사관 논총』 51, 1994.

목수현. 「디아스포라의 정체성과 태극기: 20세기 전반기 미주한인을 중심으로」. 『사회와 역사』 86, 2010.

문경희. 「'잊혀진' 또는 '읽을 수 없는(unreadable)' 기록 속의 여성들: 빅 아일랜드(Big Island) 한인 1세 묘비와 삶의 궤적」. 『호모미그란스: 이주, 식민주의, 인종주의』 23, 2020.

박경숙. 「식민지 시기(1910년-1945년) 조선의 인구 동태와 구조」. 『한국인구학』 32(2), 2009.

박경용. 「한 조선족 여성의 가족사를 통해 본 디아스포라 경험과 생활사」. 『아시아연구』 17(3), 2014.

박용옥. 「美洲 韓人女性團體의 光復運動의 支援 硏究」. 『진단학보』 78, 1994.

박준현. 「하와이 · 미주 사회에서 閔贊鎬의 한인 교육과 민족운동」. 『한국민족운동사연구』 91, 2017.

박현숙. 「윌슨의 민족자결주의와 세계평화」. 『미국사연구』 33, 2011.

박현순. 「코리안 아메리칸 안수산의 삶과 젠더 유산」. 『여성과 역사』, 2019.

배성준. 『조선총독부 조직구조와 분류체계 연구』. 한국국가기록연구원, 2004.

서범석 외. 「근대인쇄광고를 통해 본 근대적 주체형성에 관한 연구: 개화기~1930년대까지 몸을 구성하는 상품광고를 중심으로」. 『광고학연구』 15(1), 2004.

서호철. 「국제결혼 중개장치의 형성: 몇 가지 역사적 계기들」. 『사회와 역사』 91, 2011.

소현숙. 「3 · 1운동과 정치 주체로서의 '여성'」. 『한국학논총』 51, 2019.

손정숙. 「한국최초 미국 외교사절 보빙사의 견문과 그 영향」. 『한국사상사학』 29,

2007.

송명진. 「조선의 아메리칸 드림과 식민지인의 자기 인식: 미국 유학생 잡지 『우라키』(The Rocky)소재 문학을 중심으로」. 『문화와 융합』 42(5), 2020.

송지예. 「민족자결 수용과 2 · 8독립운동」. 『한국동양정치사상연구』 11(1), 2012.

신성려. 「하와이 사탕 밭에 세월을 묻고」. 『창작과 비평』 51, 1979.

신형진. 「하와이 한인 이민 1세의 사회경제적 동화: 1910년 미국 센서스 자료의 분석」. 『한국인구학』 33(1), 2016.

오윤호. 「제국의 경계 공간과 디아스포라의 위치: 하와이 사진신부 소설을 중심으로」. 『현대문학이론연구』 68(0), 2017.

이경민. 「사진신부, 결혼에 올인하다 1: 하와이 이민과 사진결혼의 탄생」. 『황해문화』 56, 2007.

이덕희. 「이승만과 하와이 감리교회, 그리고 갈등: 1913-1918」. 『한국기독교와 역사』 21, 2004, 103-126쪽.

______. 「초기 하와이 한인들에 대한 견해」. 『한국기독교와 역사』 30, 2009.

______. 「한인 사진신부 천연희의 하와이 이민생활」. 2014년 글로벌 시대 한국적 가치와 문명 연구 국제학술회의(20세기 초 태평양을 건넌 한국 여성들). 성남: 한국학중앙연구원, 2014. 10. 21.

이영민. 「호놀루루 초기 한인집단의 거주지 형성과 정체성의 변화」. 『문화역사지리』 8, 1996.

이정선. 「한국 근대 호적의 호주 및 가족 구성: 1906년 한성부 호적을 중심으로」. 『서울과 역사』 92, 2016.

이정은. 「식민제국과 전쟁, 그리고 디아스포라의 삶: '우토로'지역 재일 조선인 1세 여성의 정착과 생활」. 『한국사회학』 45(4), 2011.

임경택. 「특집: 일본 식민지 통치의 종언과 대한민국 건국에 관한 조사연구; '일제(日帝)'의 '국민(國民)' 만들기 — 민적법에서 창씨개명까지」. 『한림일본학』 9, 2004.

장규식. 「초기 도미 이민자의 미국사회 자리잡기와 이중의 정체성: 차의석의 이민 자서전을 중심으로」. 『역사민속학』 46, 2014.

장경호. 「제2차 세계대전 시기 미군에 종군한 북미한인2세 연구: 『신한민보』의 「청년용사록」을 중심으로」. 『한국독립운동사연구』 69, 2020.

정미옥. 「여성의 이주와 (탈)근대성: '사진신부'」. 『문화와 융합』 40(3), 2018.

정병준. 「1940년대 재미한인 독립운동의 노선과 성격」. 『한국민족운동사연구』 38, 2011.

정현주. 「이주, 젠더, 스케일: 페미니스트 이주 연구의 새로운 지형과 쟁점」. 『대한지리학회지』 43(6), 2008.

조은정 · 송병건. 「20세기 초 하와이 한국인 이민의 요인과 이민자의 특성」. 『경제사학』 51호, 2011, 105-134쪽.

황정미. 「이주의 여성화 현상과 한국 내 결혼이주에 대한 이론적 고찰」. 『페미니즘 연구』 9(2), 한국여성연구소, 2009.

황해영 · 김영순. 「재한 중국동포 여성단체장의 생애사에 나타난 소수자의 인정투쟁」. 『예술인문사회 융합 멀티미디어 논문지』 7, 2017.

홍윤정. 「하와이 한인여성단체와 사진신부의 독립운동」. 『여성과 역사』 26, 2014.

학위논문

김지원. 「미 서부 지역 한인사회의 변화와 특성 연구(1903-1945)」. 명지대학교 박사학위논문, 2010.

노선희. 「하와이 사진신부의 일상과 자기보호」. 한국학중앙연구원 한국학대학원 박사학위논문, 2021.

박여진. 「사진신부에 대한 하와이 백인의 인식: 언론을 중심으로」. 전북대학교대학원 석사학위논문, 2020.

서호철. 「1890-1930년대 주민등록제도와 근대적 통치성의 형성: 호적제도의 변용과 '내무행정'을 중심으로」. 서울대학교 박사학위논문, 2007.

오은영. 「하와이 대한부인구제회 연구」. 이화여자대학교 석사학위논문, 2006.

이하희. 「1900-1910년대 샌프란시스코 한인사회의 형성과 성격」. 국민대학교 석사학위논문, 2015.

홍윤정. 「하와이 한인사회의 형성과 애국의식 연구: 식민지시기를 중심으로」. 성신여자대학교 박사학위논문, 2005.

2. 국외 문헌

Government Documents

An Act Supplementary to the Acts in Relation to Immigration (Page Law) sect. 141, 18 Stat. 477(1897-March 1875).

An Act of 1917, 39 Stat. 874(Pub. L. 64-301).

An Act of 1924, 43 Stat. 153(Pub. L. 68-139) .

An Act to repeal the Chinese Exclusion Acts, to establish quotas, and for other purposes (Chinese Exclusion Repeal Act of 1943), 57 Stat. 600(Pub. L. 78-199).

An Act to revise the laws relating to immigration, naturalization, and nationality(Pub. L. 66-163).

An Act to stabilize prices of agricultural commodities, 63 Stat. 1051(Pub. L. 81-439).

Board of Immigration, Board of Immigration Report, For Biennial Period Ending March 31st, Honolulu: P. C. ADVERTISER CO. STEAM PRINT, 1882.

Charles F. Schwartz, Assistant Chief, National Income Division office of Business Economics, Untied States Department of Commerce Office of Business Economics, *Income of Hawaii: A Supplement to the Survey of Current Business*. U.S. Government Printing Office, Washington: 1953.

Chinese Exclusion Act from the Library of Congress.

"Entrance of Japanese or Korean Laborers, 589. EXECUTIVE ORDER by Theodore Roosevelt, the White House, March 14, 1907." In SENATE DOCUMENTS Vol. 12. Washington, Government Printing Office, 1914.

The War Brides Act of 1945, 59 Stat. 659.

U. S. Congress. Congressional Record. 1875, 1882.

U. S. Congress. House. Immigration Commission. Abstracts of Reports of the Immigrtation Comminsion. Vol. I. Washington D.C.: Government Printing Office, 1911.

U. S. Department of Commerce, Bureau of the Census. Thirteenth Census of the United States Taken in the Year 1910, *Vol. I. Population*. Washington D. C.: U. S. Government Printing Office, 1913.

U. S. Department of Commerce, Bureau of the Census. Fourteenth Census of the United States Taken in the Year 1920, *Vol. II. Population*. Washington D. C.: U. S. Government Printing Office, 1921.

U. S. Department of Commerce, Bureau of the Census. Fifteenth Census of the United States Taken in the Year 1930, *Population 2. General Report Statistics by Subjects*. Washington D. C.: U. S. Government Printing Office, 1932.

U. S. Department of Commerce, Bureau of the Census, Fifteenth Census of The United States: 1930, *Outlying Territories And Possessions*, Washington: United States Government Printing Office, 1932.

U. S. Department of Commerce, Bureau of the Census. Fifteenth Census of the United States Taken in the Year 1940, *Agriculture Vol. III General Report*. Washington D. C.: U. S. Government Printing Office, 1943.

U. S. Department of Health, Education, and Welfare Pubic Health Service, Health Resources Administration, National Center for Health Statistics. "100 Years of Marriage and Divorce Statistics United States, 1867-1967," December 1973.

Newspapers

The Chicago Daily Tribune

The Hawaiian Star (Honolulu, Hawaii)

The Honolulu Star-Bulletin (Honolulu Hawaii)

The New York Times

The Pacific Commercial Advertiser (Honolulu, Hawaii)

Interviews

Shinn Sunoo, Sonia. *Korean Picture Brides: 1903-1920: a Collection of Oral Histories*. Indiana: Xlibris, 2002.

Yoon, Won, K. *The Passage of a Picture Bride*, Peace Press, 1997.

Books

Beechert, Edward D., *Working in Hawaii: A Labor History*. University of Hawaii Press, 1985.

Chan, Sucheng. *Entry Denied: Exclusion and the Chinese Community in America 1882-1943*. Temple University Press,1991.

Ch'oe, Yŏng-ho, *From the Land of Hibiscus: Koreans in Hawai'i, 1903–1950*, University of Hawai'i Press, 2007.

Daniels, Roger. *Asian America: Chinese and Japanese in the United States Since 1850*. University of Washington Press, 1988.

Erica Lee and Judy Yung. *Angel Island: Immigrant Gateway to America*. Oxford University Press, 2010.

Gardner, Martha. *The Qualities of a Citizen- Women, Immigration, and Citizenship, 1870-1965*. Princeton University, 2005.

Glenn, Evelyn Nakano. *Issei, Nisei, War Bride: Three Generations of Japanese American Women in Domestic Service*. Philadelphia: Temple University Press, 1986.

Judy Yung and Erica Lee. *Angel Island: Immigrant Gateway to America*. Oxford University Press, 2010.

Kimura, Yukiko. *Issei: Japanese Immigrants in Hawai'i*. Honolulu: University of Hawai'i Press, 1988.

Kim Won, "Between Autonomy and Productivity: The Everyday Lives of Korean Women Workers During the Park Chung-Hee Era," Alf Ludtke(ed), *Everyday Life in Mass Dictatorship: Collusion and Evasion*. Palgrave Macmillan, 2015.

Lind, Andrew W. *Hawaii's People*. The University Press of Hawaii: Honolulu, 1980.

Luibheid, Elthne. *Entry Denied: Controlling Sexuality at the Border*. University of Minnesota Press, 2002.

Patterson, Wayne. *The Ilse: First-Generation Korean Immigrants in Hawaii 1903-1973*. University of Hawaii Press, 2000.

Rowbotham, Sheila. *Dreamers of a New Day: Women who Invented the Twentieth Century*. Verso, 2010.

Takaki, Ronald. *Pau Hana: Plantation Life and Labor in Hawaii, 1835–1920*. Honolulu: University of Hawai'i Press, 1984.

Zug, Marcia A. *Buying a Bride: An Engaging History of Mail-Order Matches*. New York University Press, 2016.

Articles

Abrams, Kerry. "Polygamy, Prostitution, and the Federalization of Immigration Law." *Columbia Law Review, 105*(3): 641–716, 2005.

______. "Peaceful Penetration: Proxy Marriage, Same-Sex Marriage, and Recognition." *Michigan State Law Review*, Vol. 2011, pp. 141-172.

Adrienne Ann Winans and Judy Tzu-Chun Wu, "Not Adding and Stirring: Women's, Gender, and Sexuality History and the Transformation of Asian America." *The Oxford Handbook of Asian American History*, edited by David Yoo and Eiichiro Azuma, 2016.

Anastasia Christou and Russell King, "Movements between 'White' Europe and America: Greek migration to the United States, Diasporas: Concepts, Intersections, Identities." edited by Professor Kim Knott and Doctor Sean McLouglin, 2013.

Carol Fan, "Asian Women in Hawai'i: migration, family, work, and identity." *NWSA Journal*, *8*(1), pp. 70–84, 1996.

Catherine Lee, "Prostitutes and Picture Brides: Chinese and Japanese Immigration, Settlement, and American Nation-Building, 1870-1920." *Center for Comparative Immigration Studies*, 70, 2003.

______, "Where the Danger Lies': Race, Gender, and Chinese and Japanese Exclusion in the United States, 1870-1924." *Sociological Forum*, Vol. 25. No.2 June 2010.

Gabaccia, Donna R. "Feminization of Migration." *The Wiley Blackwell Encyclopedia of Gender and Sexuality Studies*, 2016.

Hirata, Lucie Cheng. "Free, Indentured, Enslaved: Chinese Prostitutes in Nineteenth–Century America." *Signs*, Vol. 5, No.1, 1979.

John Tomlinson. *Cultural Imperialism: A Critical Introduction*. Continuum: London · New York, 1991.

Kaprielian-Churchill, Isabel. "Armenian Refugee Women: The Picture Brides, 1920-1930." *Journal of American Ethnic History* 12(3), 1993.

Kim, Jiwon. "Korean Pioneer Women: Picture Brides and the Formation of Upwardly Mobile Korean Families in California." 1910s-1930s, *Korea Journal*, Vol. 60, no.1, 2020.

Kim, Lilli M. "Redefining the Boundaries of Traditional Gender Roles: Korean Picture Brides, Pioneer Korean Immigrant Women, and Their Benevolent Nationalism in Hawai'i." In *Asian/Pacific Islander American Women: A Historical Anthology*, edited by Shirey Hune and Gail M. Normura, New York University Press, 2003.

Lee Dong Jae. "Sociolinguistic Implications of Korean in Hawaii." *Korean Studies*, Vol. 9, 1985.

Lucie Cheng Hirata. "Free, Indentured, Enslaved: Chinese Prostitutes in Nineteenth-Century America." *Signs*, Vol. 5, No.1, Women in Latin

America (Autumn, 1979).

Oh, Yoonho. "Korean Picture Brides in Hawaii: Historical and Literary Narratives." *Journal of Literature and Art Studies*, Vol. 7 Number 12, 2017.

Palmer, Brandon. "Images and Crimes of Koreans in Hawaii: Media Portrayals, 1903-1925." edited by Yŏng-ho Ch'oe, *From the Land of Hibiscus: Koreans in Hawai'i, 1903–1950*, University of Hawai'i Press. 2007.

Park, Robert E. "Human Migration and the Marginal Man." *American Journal of Sociology 33*, No 6, (May 1928).

Peffer, George Anthony. "Forbidden Families; Emigration Experiences of Chinese Women under the Page Law." *Journal of American Ethnic History*, Vol. 6, No.1, pp. 28–46, 1986.

Piper, Nicola. "Gendering the Politics of Migration." *International Migration Review 40* (1), 2006.

Roxanne A. Donovan, Andrew L. Piper and Alison N. Ponce. "Walking the Maternal Tightrope: Work and Family in America." *New England Journal of Public Policy*, Vol. 22, Issue 1, 2007.

Tanaka, Key. "Entry of Korean Picture Brides in the Conflicts between the Immigration Policies of Two Empires." 한국학중앙연구원 국제학술대회: 20세기 초 태평양을 건넌 한국 여성들 — 한국 근대 미주 지역 여성 이주 및 유학 연구(1), 성남, 2014. 10. 21.

Yukari Takai. "Recrafting Marriage in Meiji Hawai'i, 1885-1913." *Gender and History 31*(3), pp. 646-664, 2019.

Dissertations

Gomez, Sonia Christina. "From Picture Brides to War Brides: Race, Gender, and Belonging in the Making of Japanese America." Ph. D. Diss,, University of Chicago, 2018.

Johnson, Colleen L. "The Japanese-American Family and Community in Honolulu: Generational Continuities in Ethnic Affiliation." Ph. D. Diss., Syracuse University, 1972.

Kazuhiro Oharazeki. "Japanese Prostitutes in the Pacific Northwest, 1887-1920." Ph. D. Diss., Binghamton University State University of New York, 2008.

Lee, Youngmin. "Ethnicity Toward Multiculturalism: Socio-Spatial Relations of the Korean Community in Honolulu, 1903-1940." Ph. D. Diss., Louisiana State University, 1995.

Moon, Hyung June. "The Korean Immigrants in America: the Quest for Identity in the Formative Years. 1903-1918." Ph. D. Diss., University of Nevada, Reno, 1976.

Park, Heasung. "Intellectual Diaspora, Nation And Gender: Korean Women Students in the United States Before 1945." A Diss., Purdue University, 2013.

Son, Young Ho. "From Planation Laborers to Ardent Nationalists: Koreans' Experiences in America and Their Search for Ethnic Identity, 1903-24." Ph. D. Diss., Louisiana University, 1989.

Tanaka, Kei. "Japanese Picture Marriage in 1900-1924 California: Construction of Japanese Race And Gender." Ph. D. Diss., Rutgers University, 2002.

노선희

호주 퀸즈랜드대학교에서 석사과정을, 한국학중앙연구원 한국학대학원에서 석사 및 박사과정을 공부하였다. 가톨릭대학교 인간학연구소 전임연구원, 부경대학교 HK연구교수, 한성대학교 교육 연구교수를 거쳤다. 한국학에 대한 관심으로 한인여성 디아스포라 및 한인 사진신부 연구를 진행하고 있다. 더불어 디아스포라를 포함하여 Z세대를 대상으로 하는 고등교육에 학술적 관심이 있다.

공동저서로, 『융합의 시대: 대학 교양교육의 현장과 과제』와 『인성교육, 미래를 만나다』에 참여하였다. 대표 논문으로는, 「대학 비교과 프로그램 운영 사례연구: 사진신부 디아스포라 문학을 중심으로」, 「Z세대의 디아스포라에 관한 인식 연구: 고등교육에서의 수업사례를 중심으로」, 「장소적 관점에서 본 사회적 관계의 변화: 20세기 초 한인 사진신부를 중심으로」, 「한인여성 디아스포라 공동체 연구: 사진신부의 공동체, 영남부인실업동맹회를 중심으로」, 「일본의 식민주의와 미국의 제국주의의 교차로, 사진결혼(1910-1924)」, 「일본의 식민지적 통제와 미국 이민법의 네트워크: 한인 사진신부 사례를 중심으로(1910-1924)」 등이 있다.